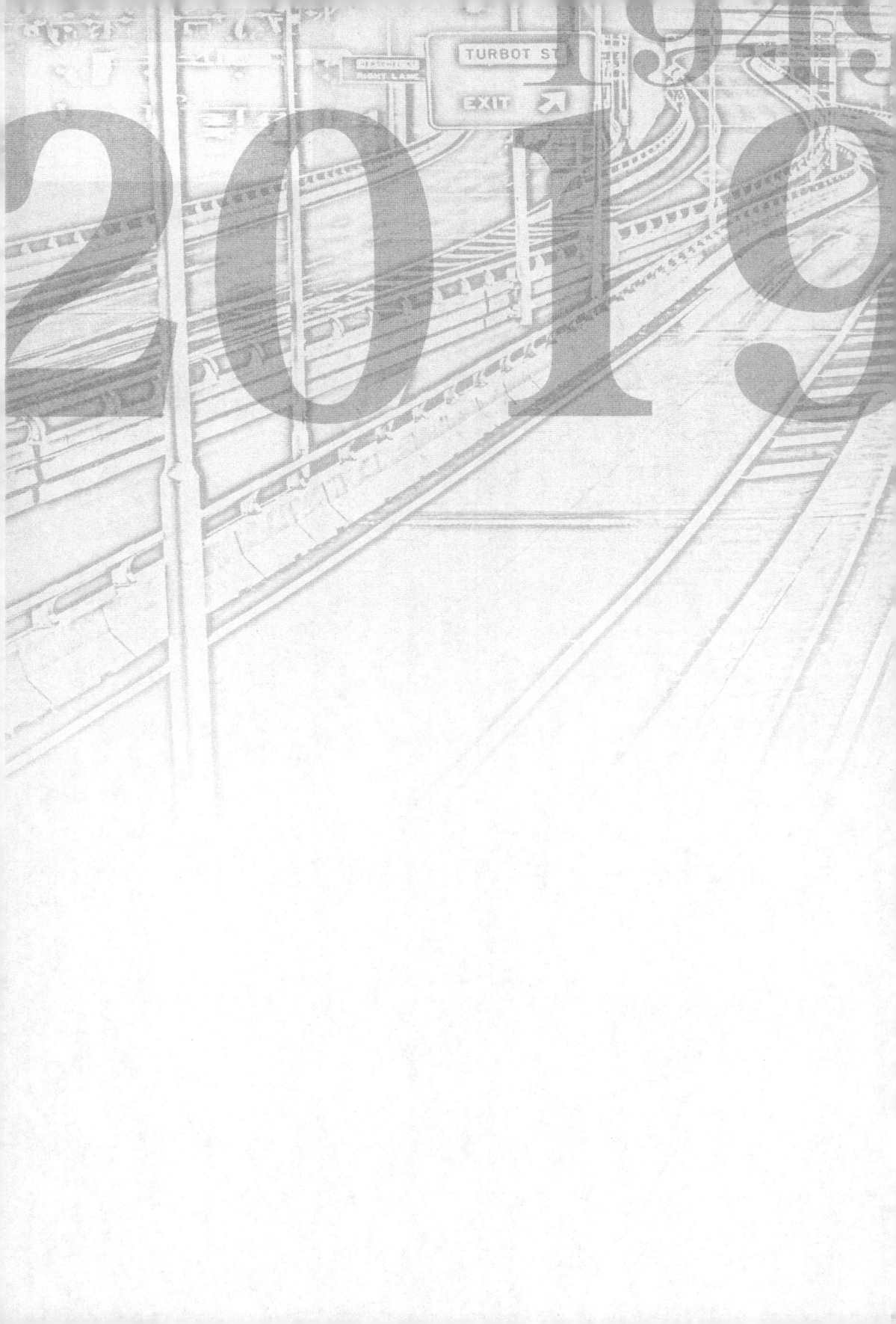

新中国民众出行史：
1949—2019

郭书林　著

黑龙江大学出版社

HEILONGJIANG UNIVERSITY PRESS

哈尔滨

图书在版编目（CIP）数据

新中国民众出行史：1949—2019 / 郭书林著． ——
哈尔滨 ： 黑龙江大学出版社，2020.11（2022.8 重印）
 ISBN 978-7-5686-0571-7

 Ⅰ．①新… Ⅱ．①郭… Ⅲ．①交通运输史－中国－
1949-2019 Ⅳ．① F512.9

中国版本图书馆 CIP 数据核字 (2020) 第 232662 号

新中国民众出行史：1949—2019
XINZHONGGUO MINZHONG CHUXINGSHI：1949—2019
郭书林　著

责任编辑　朱海涛
出版发行　黑龙江大学出版社
地　　址　哈尔滨市南岗区学府三道街 36 号
印　　刷　三河市佳星印装有限公司
开　　本　720 毫米 ×1000 毫米　1/16
印　　张　12
字　　数　166 千
版　　次　2020 年 11 月第 1 版
印　　次　2022 年 8 月第 2 次印刷
书　　号　ISBN 978-7-5686-0571-7
定　　价　48.00 元

前　言

　　本书由五章内容组成,第一章梳理了改革开放前的交通基础设施建设,第二章叙述了改革开放前的民众出行方式,第三章介绍了改革开放以来的交通基础设施建设,第四章梳理分析了改革开放后民众出行方式的新变化,第五章为新中国民众出行方式变迁的启示。本书主要是把新中国成立以来民众出行方式的演变,放在新中国70年交通运输业发展的历史背景中分析研究,透视新中国70年交通运输业走向现代化给民众出行带来的便捷和舒适,从一个侧面展现新中国70年经济和社会发生的天翻地覆的变化。

　　本书可供中国当代史研究人员、当代中国社会史领域的相关研究人员使用。

　　本书在编写过程中引用了大量的参考文献。在此,谨向为本书出版提供支持的单位和参考文献的原作者表示衷心感谢!由于笔者水平有限,书中存在的不妥之处,敬请读者朋友批评指正。

目 录

绪　论

　　人类生活空间的大小,决定着其能否跨越地理空间及自然条件约束进行生活、生产、文化等诸种交流。受制于交通落后,古人要想远足,只能"适百里者,宿舂粮,适千里者,三月聚粮"①。一直到清朝末年,曾国藩从湖南赴京应试,水陆并用仍需费时三月之久。新中国成立之初,民众出行处处受制,极度不便,这约束着人们获得各种生活资源的能力,影响着人们视野的拓展。拓展空间的关键是借助于现代交通运输业的发展"压缩"空间距离,进而展开交流。新中国成立前,中国经济基础薄弱,交通运输业发展滞后,普通民众行无路、坐无车,全国处于闭塞的状态。新中国成立后,特别是改革开放以来,国家高度重视交通运输业的发展,坚持交通运输先行理念,交通运输领域发生了历史性变化,实现了从"无路"到"有路"的跨越。

　　新中国成立时,我国交通运输业非常落后,加上西方国家对我国进行封锁,石油等资源稀缺,我国的主要运输工具是畜力车和木帆船等。这个时期,民众出行主要靠步行,活动范围受限。随着国家工业化的发展和大庆等一大批油田的发现,民众出行的交通工具开始发生变化,城市里慢慢出现燃气公交车,农村也有了手扶拖拉机。1957 年,北京、天津、上海制造出中国自己的公共汽车;20 世纪 70 年代末,北以环渤海为主,南以长三角为主的两大自行车生产基地渐渐形成,中国人的出行方式逐步改变。20 世纪 70 年代,结婚的青年人都流行购买"老三件":自行车、手表和缝纫机。一辆名牌自行车代表着一种"奢侈"的代步方式。到 20 世纪 80 年代中后期,自行车逐渐成为人们最重要、最普遍的代步工具,中国成为名副其实的"自行车王国"。这个时期,民众出行的主要交通工具是自行车和公交车。

　　改革开放之初,很多地方公路运输不畅。"晴天一身灰,雨天一身泥"是那时乘车出行的真实写照。随着改革开放的深入,交通运输面貌发生了历史性变化,中国不断完善高速公路、国省干线公路、农村公路三大路网体系,公路实现了从线到网、从慢到快再到科技创新、绿色发展的跨越式发展。这

---

①　陈鼓应,注译.庄子今注今译[M].北京:中华书局,1983:7.

为经济社会发展、人民群众安全便捷出行做出了重要贡献。20世纪90年代后,摩托车迅速普及。2000年以后,随着汽车工业迅猛发展、居民收入大幅提高,汽车逐步走入中国普通人的生活。2008年8月1日,京津城际铁路通车运营开启了中国的"高铁时代"。此后十多年我国高铁建设克服了高寒、风沙等环境障碍,建成了世界上通车里程最长、工程类型最复杂的高铁网络。现在,四通八达的交通运输网络和多元化交通工具,极大地满足了居民出行需求。运输服务转型升级,居民出行更加高效,一批综合客运枢纽实现了高铁、城市客运、轨道交通、民航等交通方式的无缝对接,旅客换乘更加便捷。

回首新中国成立70年,交通工具从时速40公里的蒸汽机车到时速350公里的"复兴号",人们从以拥有一辆"二八大杠"为荣到共享单车遍布全国,甚至"打飞的"都成为寻常选择。新中国70年民众出行方式变迁是新中国经济社会发展的缩影,70年来中国民众出行方式的颠覆性变革,见证了新中国70年经济社会的发展成就。分析研究新中国70年民众出行方式的变迁,不仅能够从一个侧面透视新中国70年经济社会发展的伟大成就,拓展中国当代社会史的研究领域,而且能从中总结交通建设的经验教训,弥补不足,更好地满足人民日益增长的美好生活需要,使人民的出行幸福感更加充实,因而本书的出版具有重要的理论意义和现实意义。

"要想富,先修路。"新中国成立70年来,中国政府在经济社会发展中坚持交通运输先行理念,交通运输领域发生了历史性变化。借助于新中国70年现代交通的发展,民众出行方式发生了重大变化。改革开放前伴随人们出行记忆的,是拥挤、缓慢、闷热、一票难求的绿皮火车。如今,一次春运的铁路旅客发送量便达4亿人次,超一半旅客选乘高铁动车,短途出行有乘公交、搭地铁、开汽车、打出租等多种选择。新中国70年民众出行方式变迁是经济社会发展的一个缩影,对之研究可以从一个角度窥视新中国70年经济社会发展的图景,具有重要的现实意义。目前,关于新中国70年民众出行方式变迁的研究成果以一些论文、报纸为主,或者在新中国交通发展历史的专著及论文中呈现,缺乏专题性研究成果。

　　70 载沧桑巨变,伴随着新中国的成长,交通运输事业快速发展,公路成网、铁路密布、高铁飞驰、巨轮远航、飞机翱翔,天堑变通途。新中国民众一边品味交通变迁带来的出行幸福,一边回顾新中国成立以来出行方式的变迁。李佳芯在《六十年话变迁之交通工具》中回顾,新中国成立之初,"开门是山,抬头是坡,迈步是坷"。新中国成立 60 年后,立体交通枢纽网络的建立让人们充分体验了"条条道路通罗马"。自行车、公交车、出租车、私家车等这些人们身边的交通工具,它们既承担了交通运输功能,也记录了人民生活前进的脚步与节奏,从一个侧面反映了人民生活水平的提高和社会的进步。① 张潇宁在《出行工具"进化史"》一文中指出,出行工具由自行车到汽车的变迁,是两个轮子到四个轮子的演变。快捷的交通给我们带来高品质、高效的生活,现在出远门不用舟车劳顿,可以选择动车、飞机。发达的交通,让人觉得整个世界都触手可及。② 范思阳在《公交四十年见证江城出行大变迁》中指出,从线路单一到接驳"最后一公里",从挤不上车到乘坐舒适,从"冒黑烟"到纯电动公交车……改革开放 40 年间,江城公交见证了江城百姓公共交通出行的变迁。③ 周广益在《交通工具的变迁见证改革开放的成就》中认为,改革开放 40 多年来,从步行、自行车、摩托车到高配置小轿车,从绿皮火车到高铁、地铁,从在停靠站等车到借助科技"魔力"的共享单车、网约车,出行有了更多更舒适的选择。在出行方式不断变迁中,人们感受到了"中国速度"和满满的幸福,这折射出的正是我国改革开放以来百姓生活的巨大变化和社会发展的巨大成就。④ 毕继宏的《家乡出行变迁记》一文提到,交通不便曾很长时间困扰着家乡的群众出行,新中国 70 年交通事业快速发展给民众生活带来了翻天覆地的变化。如今,如果赶时间可以选择全

① 李佳芯. 六十年话变迁之交通工具[J]. 道路交通管理,2009(09):12~16.
② 张潇宁. 出行工具"进化史"[J]. 河南电力,2018(10):91.
③ 范思阳. 公交四十年见证江城出行大变迁[J]. 人民公交,2018(11):39~40.
④ 周广益. 交通工具的变迁见证改革开放的成就[N]. 人民公安报,2019 – 07 – 12.

程高速回家,如果不急则可以选择国道或通村公路绕行。① 上述文章从不同角度、不同时间段梳理了新中国成立后民众出行方式的变迁,对于新中国民众出行方式变迁史的研究有重要参考作用,但缺乏从新中国 70 年的长时段进行全面研究的著作。

随着改革开放的深入,城市化进程加快,交通建设的发展速度与经济社会发展步伐不相适应,供需矛盾越来越严重,越来越多的城市交通问题给城市发展带来很大影响。针对城市民众出行不便和春节出行难问题,一些学者积极建言献策。黄建中在《1980 年代以来我国特大城市居民出行特征分析》一文中指出,导致居民出行公共交通方式比例下降的原因,主要在于城市交通设施的建设与城市用地的布局结构、控制引导与开发实施方面缺乏有效的联系。② 王雷涛、傅白白的《基于出行方式的济南城市交通模式研究》分析了济南市道路系统和交通出行方式的演变,对济南市历史上三次大型居民出行调查的数据进行详细比较,指出济南市居民出行方式的变化特征,在此基础上确定济南市当前交通模式由慢行交通主导模式向其他交通模式转变的过程。针对济南当前交通发展状况,对济南市未来交通发展模式提出建议。③ 杨柳、王元庆、李超在《推动城市轨道交通换乘自行车出行——基于西安经济技术开发区的实例分析》一文中认为,出行目的、出行距离与交通方式设施的方便性和安全性是影响轨道交通换乘自行车出行方式选择的重要因素,为了更好地推动轨道交通换乘自行车出行,应该增加旅游景点周边的租赁自行车布点,增加自行车停车设施,推广公交与公共自行车服务整合的一卡通业务,发展慢行交通设施,开辟自行车专用道。④ 周莹

---

① 毕继宏.家乡出行变迁记[J].中国道路运输,2019(10):78~79.
② 黄建中.1980 年代以来我国特大城市居民出行特征分析[J].城市规划学刊,2005(03):71~75.
③ 王雷涛,傅白白.基于出行方式的济南城市交通模式研究[J].山东建筑大学学报,2011(04):334~337.
④ 杨柳,王元庆,李超.推动城市轨道交通换乘自行车出行——基于西安经济技术开发区的实例分析[J].长安大学学报(自然科学版),2015(S1):140~144.

的《不足与不公:铁路春运"一票难求"现象的社会学分析》通过对铁路春运"一票难求"的促成因素和生成路径的探究发现,这与中国人口流动的嬗变历程相对应,春运现象也随之变化。改革开放前,中国铁路发展非常滞后,运力极其匮乏。但是在当时,春节前后铁路运力供需仍能保持相对均衡。改革开放以来,在经济社会发展、体制变革的大背景下,中国人口流动日益加剧,铁路的建设发展速度远远跟不上经济社会发展步伐,供需矛盾日益尖锐,"一票难求"现象逐渐产生、凸显和加剧。在经济社会转型、政府管理思路变革、人口变迁和铁路运营及管理格局变动等因素的共同作用下,铁路春运"一票难求"逐渐成为当今中国特有的周期性问题。① 耿纪超在《多元动机视角下城市居民出行方式选择及其引导政策研究》一文中指出,随着城镇化的快速发展和居民生活水平的日益提高,城市机动车保有量急剧增加,由此引发的城市交通拥堵、交通能耗和碳排放增加、城市雾霾污染加剧等一系列问题逐渐成为全社会关注的焦点和热点。绿色、健康发展已成为全社会发展的必然要求。交通拥堵问题的一个根源是公众的观念和需求问题。因此,有必要从多元动机的视角去剖析城市居民的出行方式选择,探析政策措施对绿色出行行为的引导效果。② 这些文章围绕城市交通拥堵和春运出行难问题,探讨了破解的路径,这对于中国特色社会主义新时代实现畅通出行具有积极意义。但是,相关研究成果还比较少,缺乏专题性研究成果。

党的十八大以来,党中央把生态文明建设和环境保护摆到更加突出的战略位置,做出一系列新决策、新部署、新安排。国家发展和改革委员会等十部门印发的《关于促进绿色消费的指导意见》中明确提出要积极引导居民践行绿色生活方式和消费模式,鼓励步行、自行车和公共交通等绿色出行方式。《"十三五"节能减排综合工作方案》明确指出,政府机构和家庭社区应

① 周莹.不足与不公:铁路春运"一票难求"现象的社会学分析[D].上海:华东理工大学,2012:1~167.

② 耿纪超.多元动机视角下城市居民出行方式选择及其引导政策研究[D].北京:中国矿业大学,2017:1~179.

大力开展绿色出行活动,以绿色出行支持节能减排,缓解我国面临的能源环境压力。在这种背景下,聚焦于绿色出行方式的相关文章相继发表。王国英、王孟礼在《倡导自行车 电动车低碳出行》中呼吁各级政府和社会给予自行车产业发展有力度的优惠政策支持,能够重视自行车和电动自行车,改善骑车、用车、停放车环境;各地方行业职能部门和行业协会,要组织指导生产企业不断创新,以满足人们对自行车和电动自行车轻松出行、娱乐竞技、体育锻炼、安全可靠的需求;请热爱生活、热爱城市、热爱国家、热爱地球的人们,为保护环境,节约能源,减少有害气体排放,造福子孙后代,出行时少坐车或不坐车,多步行或多骑自行车(电动自行车),使我们的气候、环境不再继续恶化,让我们的天更蓝、地更绿、水更清。[①] 屠晓杰在《共享经济新风口,绿色出行新体验》中认为,移动互联网技术、移动支付方式和运营模式创新使共享单车摆脱了停车桩的束缚,使用便捷性大幅提升,掀起了共享单车新浪潮。共享单车的出现,既满足了巨大的短距离出行需求,又有助于解决交通拥堵、环境污染等城市顽疾,更契合了绿色出行、健康中国、大众创业、万众创新等发展理念。共享单车在短期内迅速崛起,吸引了大量社会资本的进入,成为共享经济的新风口。[②] 李颖在《中国新能源汽车变迁史》一文中指出,随着电动化、智能化、共享化趋势的加快,汽车产业迎来了有史以来最大的一场变革。电动车的爆发式增长可能在未来 5 年,或者是稍长一点时间内发生,而它的基础就是电动车性价比要达到甚至超过燃油车。汽车动力技术的革命已经到来,不适时转型就会有被颠覆的风险。未来出行有赖于互联网加新能源汽车。电动化仅仅是汽车变革基础性的第一步,接下来必须使电动化和智能化、网联化、共享化深入融合,快步进入 2.0 阶段,才能释放电动车的潜能,走进智能网联新时代。智能汽车是继智能手机之后的第二大互联生态和服务集成,在完全自动驾驶成为现实之后,智能汽车将

---

① 王国英,王孟礼.倡导自行车 电动车低碳出行[J].中国自行车,2010(12):50～52.

② 屠晓杰.共享经济新风口,绿色出行新体验[J].科技中国,2017(05):54～56.

成为移动的智能空间和场景生态服务体验终端,成为工作、生活、娱乐的新载体。"以前是人懂车,以后是车懂人",汽车智能化将创造更多场景和商业机会,深刻改变人类的出行和生活方式。① 马向东在《汽车5G:创造全新出行方式(上)》一文中指出,随着5G技术的到来,众多的行业将会被改变,这将对以智能网联科技和自动驾驶为主流趋势的汽车圈生态,产生颠覆性的影响。从正处于数字化转型的汽车行业看,5G移动通信技术带来的影响将是无可估量的,无论是自动驾驶,还是车载互联,一切以数据为基础的业务都将进入一个新的发展阶段。② 上述研究描绘了未来民众出行的愿景,绿色低碳出行将成为今后民众出行的主要方式。这些研究成果有助于丰富新中国民众出行方式变迁史的内涵,但其都侧重于当前及今后民众出行方式的展望,没有从新中国70年的历程中梳理分析民众出行方式的变迁。

综上所述,随着时间推移和时代变迁,新中国70年民众出行方式变迁研究的范围不断拓展,研究视角不断多样化,研究越来越深入,成果较为丰厚,为后人的研究提供了丰富的资料。但这些研究中缺乏新中国70年民众出行方式变迁史的专题性研究,这客观上为笔者的研究留下了空间。新中国成立70年来,伴随着交通运输业不断发展,中国民众的出行方式经历了从主要依靠步行到拥有第一辆自行车、从时速几十公里的绿皮车到时速350公里的高铁、从长时间排队只为搭上一辆公交车到如今手机一打开就能叫到网约车的历史跨越。新中国70年民众出行方式的变迁折射出新中国经济社会发展的光辉历程。新中国70年经济社会发展的光辉历程深刻揭示了只有在中国共产党的领导下,坚持发挥中国特色社会主义制度的巨大优越性,才能真正实现民众出行便捷、舒适的美好愿望。成就来之不易,经验弥足珍贵,我们要深入总结,不断传承发扬。然而,专门以新中国民众出行方式变迁为视角,在新中国成立以来70年波澜壮阔的经济社会发展历史背

---

① 李颖.中国新能源汽车变迁史[J].中国质量万里行,2018(16):54~59.
② 马向东.汽车5G:创造全新出行方式(上)[N].中国保险报,2019-09-18.

景中,全面梳理分析新中国 70 年民众出行方式变迁的历史著作还没有。铭记历史的最好方法就是记述历史。为了全面梳理总结新中国成立以来 70 年民众出行方式变迁的脉络,笔者以时间为线索,采用著述的方式梳理这段历史。

通过对新中国成立后 70 年民众出行方式变迁的历史考察,可以全面分析民众出行方式变迁的轨迹。所以,本书的时间界定为从 1949 年到 2019 年。本书的研究内容跨越的时段较长,研究的内容较多,涉及面较宽,这无疑给搜集、整理和阅读相关研究资料带来了较大的困难。当前档案管理较为严格,一手的档案资料收集起来较为困难,现场考察和口述等实证分析资料,需要较长时间收集。为了克服这些困难,笔者尽最大努力找足、找全相关的学术研究文献与实证分析资料。同时,从研究目的出发,进一步深入分类、研读相关资料与研究文献,加以取舍。本书涉及历史学、经济学、社会学和交通学等多学科知识。研究中需要融会贯通各个学科知识,这对笔者的学术功力和驾驭能力是一个巨大的考验,这些要求无疑增添了本书的编写难度,而在具体的分析研究过程中必然遭遇各种难以把握的问题,可能需要对原有书稿结构框架及内容不断修正。为了解决这些问题,在写作的过程中笔者利用可能的机会拜访相关研究学者,吸收正确的建议,对书稿结构、框架、内容等进行精心构思、修改、完善,拓展研究思路,避免走弯路。同时,笔者将在正确使用史学研究方法的基础上,积极吸收、借鉴其他学科相关研究成果和研究方法。

本书以马克思主义唯物史观为指导思想,坚持"论从史出""史论结合"的原则,拟在掌握丰富的历史资料的基础上,按照历史发展脉络,通过"把握宏观发展,关注微观变化"的历史叙事手法进行写作,综合运用历史学、经济学、统计学、交通学的研究方法,全面展现在新中国 70 年经济社会发展和交通变迁影响下,民众出行方式变迁的历程,揭示出两者之间的关系。具体的研究方法有:一是文献研究法。系统地搜集相关的文献、方志及政府工作报告等资料,对文献进行归纳分析,力争客观完整地呈现出新中国 70 年民众出行历史变迁的图景。二是历史研究法。本书主要按照历史发展脉络,研究新中国成立以来,历史发展的不同阶段,在经济社会发展和交通变迁影响下,新中国民众出行方式的演变。三是跨学科研究法。综合运用历史学、经济学、社会学、交通学和统计学的方法,利用相关统计资料及实地调查资料,整体上对各个历史阶段新中国民众出行方式变迁进行综合研究。

　　基于对新中国成立以来国内民众出行方式变迁的梳理分析,本书在考察当代中国各时期,民众出行方式变迁与经济社会发展、交通变化的互动关系基础上,重点从交通基础设施建设和民众出行方式两个方面,对当代中国各时期民众出行方式变迁的背景、表现和评价进行实证性分析研究。对于新中国民众出行方式变迁的研究,短期无法全面分析它的得失。新中国成立 70 年来,中国在经济社会发展中坚持交通运输先行理念,交通运输领域发生了历史性变化。70 年交通巨变,改写了神州大地的时空格局,装点着亿万人的精彩人生。

第一章

改革开放前的交通基础设施建设

新中国成立之初,我国交通运输面貌十分落后。全国铁路总里程仅2.18万公里,有一半处于瘫痪状态。能通车的公路仅8.08万公里。民用汽车5.1万辆,民航航线只有12条。畜力车和木帆船,就是当时许多地方不可或缺的主要运输工具。① 新中国成立后,中国在经济社会发展中坚持交通运输先行理念,交通运输领域发生了历史性变化。到1978年,我国铁路营业里程达到4.86万公里,比新中国成立初期增长了两倍多;公路通车里程达到89万公里,搭起了铁路、公路、水运、民航行业的骨架,实现了从"无路"到"有路"的跨越。②

第一节　改革开放前城市道路的发展

城市道路是通达城市的各地区,供城市内交通运输及行人使用,便于居民生活、工作及文化娱乐活动,并与市外道路连接负担着对外交通的道路。城市的发展与城市道路的发展是同步的。城市道路是城市的动脉,城市则是城市道路的载体;城市道路给城市增添了活力,城市又给城市道路舒展自己的天地。新中国成立后,党的工作重心由农村转向了城市,城市迎来了发展的历史机遇期,从此新中国开始了城市化的进程。在城市化发展的进程中,作为城市动脉的城市道路得到了发展。改革开放前,中国的城市化发展缓慢,机动化水平低,城市道路处于缓慢发展的起步阶段。

新中国成立前,大多数城市道路是极其落后的。城市道路路面不平,"无风三尺土,有雨一街泥",城市路网不成系统。新中国成立后,党和政府加强城市道路建设,各城市都积极整修街道,加固桥梁,拓宽干道,装修路面,并安装路灯。以北京为例,"改善城市交通事业,是北京一九五〇年市政建设工作的另一个重点。在这方面,首先是道路工程。一年来,在连接产业

---

① 韩羽. 新中国70年交通变迁跑出发展"加速度"[J]. 中国科技产业,2019(10):13.
② 林红梅,齐中熙. 新中国交通60年:铺就大国腾飞之路[N]. 新华每日电讯,2009 - 08 - 17.

中心、打通重要干线、便利公共交通、适应多数市民需要的原则下,新修了各种沥青路、水泥路、石渣路、卵石路等共计四十四万五千多平方公尺,并结合生产救灾,以工代赈,修整了胡同土路九百零六条。在新修道路中以林荫大道和京门公路最为突出,林荫大道的修成,不仅改善了市区东西的交通,改变了人民首都的市容,而且适应了群众游行检阅的需要。京门公路则联系了北京和石景山工业区及门头沟矿区,有助于〔北〕京市工矿生产事业的发展。此外,对旧路进行了保养,并增建了一些桥梁涵洞"①。

"一五"期间,为配合重点工程项目的建设,党中央制定了城市建设工作的指导方针。"必须认真贯彻国家'重点建设稳步前进'的方针,把城市建设的投资,首先用在工业建设比重大的城市中去,至于工业比重小的一般中小城市,在第一个五年建设计划期内,应采取暂时维持的方针,一般不再扩大基本建设。……目前城市建设投资主要应用在上下水道及改善城市环境卫生与发展城市交通方面(如道路、车辆)。"②在党中央城市建设工作方针的指导下,我国对城市道路进行了新的建设和改造,原有破烂不堪的道路得到了整治,在一些重点城市中进行了大规模的基础设施建设,道路条件明显改善,经过十年的城市道路建设,此项工作取得了长足进步。到1959年,"城市道路长度20518公里,相当于1949年的203%"③。

与此同时,城市道路规划也提上了日程。在新中国成立初期的城市道路规划中,规划专家结合中国实际探索出了"方格环行放射式"道路规划格局。我国规划专家郑祖武说:"……适应新北京建设发展的需要……根据道路规划理论、城市规模、地势情况和道路条件,提出城外修通至天津、沈阳、赤峰、多伦、张家口、武汉等10条干线,城内的直线与城外的放射线由环路相连接,将一个现代化大都市道路的风格,融进了文明古都的'棋盘'中,形

---

① 薛子正.解放后的第二年北京的市政建设(节录)[C]//中国社会科学院,中央档案馆.1949—1952中华人民共和国经济档案资料选编:基本建设投资和建筑业卷.北京:中国城市经济社会出版社,1989:622.

② 人民日报社论.改进和加强城市建设工作[N].人民日报,1953-11-22.

③ 苏星,杨秋宝.新中国经济史资料选编[M].北京:中共中央党校出版社,2000:351.

成了对内对外均可四通八达的'方格环行放射式'道路规划格局。"[①]这一标杆式道路规划格局后来成为中国城市道路样板被推广。"一五"计划期间，城市道路网的建设规划，比较多地注意了干道、广场艺术效果的形成，而对道路交通功能考虑不够，以致在交通量增长后，许多城市出现了交通拥挤、堵塞的现象。这暴露了道路规划的缺点。

此后，城市道路建设主要是以畅通理念为指导，加强城市主干道建设，初步形成城市路网的骨架。以郑州为例，1981 年及其以前划定的通过市区或以市区为起止点的干线公路，多以市区中心的二七广场为控制点，在环城道路开通前，以二七广场为中心辐射和纵横市区的主要街道，也就是郑州市的城市出入口公路。由于城市经济和社会发展的迫切需要，这期间，一些城市的道路标准有所提高。例如，北京市干道宽度由 7 ~ 9 米，提高到 14 ~ 21 米；路面结构，由级配碎石改为沥青混凝土；道路横断面首次出现了"三块板"的形式，实行快慢车分流，这适应了自 20 世纪 60 年代起自行车交通迅速发展的需要。这一时期，由于国家实行鼓励自行车交通出行的财政补贴政策，自行车行业得到了迅速发展。

综上，20 世纪 80 年代中期以前，我国城市道路伴随着工业化、城市化得到一定的发展，但是由于改革初期城市改革尚未进行，因此 1949 至 1985 年的城市道路建设缓慢。

第二节　改革开放前的干线公路与全国公路网

公路交通是交通运输体系的重要组成部分。"公路通，百业兴"，公路交通在促进国民经济发展、改善人民生活、巩固国防安全等方面，发挥了重要作用。新中国的成立，揭开了公路交通事业新的历史篇章。改革开放前的

---

① 庄建. 镌刻在新北京上的名字——访城市道路规划专家郑祖武[N]. 光明日报，1994 - 12 - 10.

30 年中,公路交通建设在党中央和国务院的正确领导下,依靠政策,依靠技术进步,依靠科学管理,取得了辉煌成就,建成了覆盖全国的公路运输网,促进了国民经济的快速发展,提高了人民的物质和文化生活水平,方便了人们出行。

一、改革开放前干线公路的建设

在公路网中起骨架作用的公路是干线公路,分为国道和省道。干线公路的主要功能是连接省、市、县、主要城镇、旅游景点、港口、码头、机场和车站等主要交通集散地。作为公路网中大动脉的干线公路,对公路的发展起着举足轻重的作用。新中国成立以来,干线公路的建设一直是公路建设的重点,由于受经济、政治发展状况和认识水平等影响,干线公路建设经历了曲折的发展历程。

新中国成立之初,公路交通落后,百废待兴。旧中国的公路交通建设极为落后,新中国成立初期,我国公路通车里程仅为 8.07 万公里,公路等级都在二级以下,有路面里程只有 3 万公里。[①] 公路分布极不平衡,多数集中在东北和沿海地区,广大内地和边疆省份的公路为数不多,整个西藏地区公路交通还是一片空白。汽车全赖进口,为数甚少的汽车都已破旧不堪,全国大部分地区还要依靠人力和畜力运输。1949 年以前,在长江和黄河上,除兰州有一座外商承建的黄河钢架桥外,没有一座中国人自己修建的公路桥,车辆、行人靠渡船出行。新中国成立的时候,公路交通的基础十分薄弱。想要扭转这种落后局面,促进国民经济的发展,就需要在修复原有公路的同时,开展干线公路建设。为此,政务院做出了《关于一九五〇年公路工作的决定》(简称《决定》),"要求各地组织力量,修复原有公路,整修运输工具,提

---

① 中华人民共和国交通运输部,《中国交通运输 60 年》编委会. 中国交通运输 60 年 [M].北京:人民交通出版社,2009:67.

高运输能力;对公路实行分级管理,国道由交通部公路总局直接管理,经费由中央开支,省道由各大行政区交通部门督导,各省交通部门管理"。① 按《决定》的要求,新中国建立初期,各地公路交通部门组织人力、物力,迅速修复了西安经兰州到塔城等6条主要干线公路。与此同时,为了巩固国防,开发边疆,1950年,政务院决定修建以福州为中心的12条华东支前公路和通向"世界屋脊"的康(西康)藏(西藏)公路。中央的直接管理和拨款促进了干线公路的起步与发展,从1950年到1958年的8年中,中央对公路交通的投资为9.27亿元,新建、改建干线公路1.21万公里;各大区和各省、自治区、直辖市也投资9.73亿元,新建和改建了本地区工农业生产发展急需的一些经济干线和县乡公路。② 这一时期,广东省的公路建设成绩比较突出。广东省各地人民政府还动员人民群众,就地取材,采取民办公助、民工建勤的办法修复地方的简易公路3916公里。到1957年,全省的公路通车里程达到17158公里,比1949年增长58倍。这时全省从东到西,从南到北的主要干线基本修通,以广州为中心辐射至各主要市、县的干、支线公路也已经打通,保障了恢复时期经济建设的需要。③

　　1958年,国家制定了"简易公路"的标准,公路里程猛增,但质量标准较低。1962年,公路建设开始了调整、巩固、充实、提高的阶段,恢复和完善了若干基本政策和制度,调整健全了公路机构和建设队伍,试验推广了渣油路面、双拱桥和钻孔灌注桩桥基等技术成果。在此期间,重点建设了一些国防干线公路如水(口)漳(平)线、徐(州)连(云港)线以及中尼公路等。从1962到1966的4年中,"全国新增公路里程1.52万多公里,新建特大桥梁30座,共长1.87万米。到1966年底,公路通车里程达到54.36万公里。

　　① 《当代中国的公路交通》编辑委员会.当代中国的公路交通[M].北京,香港:当代中国出版社,香港祖国出版社,2009:14.
　　② 《当代中国的公路交通》编辑委员会.当代中国的公路交通[M].北京,香港:当代中国出版社,香港祖国出版社,2009:15.
　　③ 《当代中国的广东》编辑委员会.当代中国的广东[M].北京,香港:当代中国出版社,香港祖国出版社,2009:480.

与1962年对比,有路面的里程增长了26.9%,其中,高级次高级路面增加了7595公里,增长了3.6倍;桥梁永久化的水平达到了57.2%,提高了25.6%"①。公路技术状况有了明显改善和提高。但公路等级仍不高,"到1978年,全国公路通车里程达到89万公里,是新中国成立初期的11倍,但既无一级公路,更无高速公路,公路交通成为国民经济发展的'瓶颈'"。②

二、改革开放前全国公路网的建设

全国公路网是全国范围内相互联络、交织成网状分布的公路系统。它由高速公路、国省干线公路和农村公路组成,其中高速公路和国省干线公路是全国公路网的主动脉,农村公路则是毛细血管。

新中国成立初期,公路交通经历一段时间的恢复后开始获得长足发展,1952年公路里程达到12.67万公里。20世纪50年代中后期,为适应经济发展和开发边疆的需要,我国开始大规模建设通往边疆和山区的公路,相继修建了川藏公路、青藏公路,并在东南沿海、东北和西南地区修建国防公路。其中,青藏公路东起青海省西宁市,西至西藏拉萨市。青藏公路于1950年动工,1954年通车,是世界上海拔最高、线路最长的柏油公路,也是通往西藏里程较短、路况最好且最安全的公路。青藏公路和川藏公路通车前,从拉萨到青海西宁或四川成都往返一次,靠人畜驮,冒风雪严寒,艰苦跋涉需半年到一年时间(单程是数个月)。到1956年,"康藏、青藏公路全线通车后,已经有几万吨物资从祖国各地运来西藏,许多过去无法运来的现代工厂设备、大型农业机械和医疗器材,都已开始在西藏使用。西藏丰富的土产、特产和畜产品,也开始大量运出了。在西藏各条公路干线上,都开办了客运业

---

① 《当代中国的公路交通》编辑委员会.当代中国的公路交通[M].北京,香港:当代中国出版社,香港祖国出版社,2009:24~25.

② 中华人民共和国交通运输部,《中国交通运输60年》编委会.中国交通运输60年[M].北京:人民交通出版社,2009:67.

务,大大便利了各地人民的交往。从西藏东部到西部三千多公里的漫长旅途,因为重重的雪山和大河阻隔,过去需要两年才能往返一次,现在坐汽车只要两个多月的时间就够了"。① 青藏公路是西藏与内地联系的重要通道,在公路时代,它承担着85%以上进藏物资和90%以上出藏物资运输任务,在西藏经济发展和社会稳定中发挥着重要作用,被誉为西藏的"生命线"。

1958年上半年,交通部在武汉和北京召开的地方交通片区座谈会上提出了依靠地方、依靠群众、普及为主发展地方交通的"地、群、普"方针,这加快了广大农村、山区和偏远地区的公路建设。在"地、群、普"方针的指导下,全国公路建设取得了很大成就。"从一九五八到一九六○的三年中,新建公路26.48万公里(大部分为县社公路),全国不通公路的县,从一九五七年的151个减少到20个。"②边疆、山区和国防公路的修建,有利于中国公路网的形成。

为了满足国民经济发展、国防建设以及战备工作的需要,"三五"时期,交通部制订了全国公路国道网建设规划并提出了《关于"三五"全国公路国道网建设规划的实施方案(草案)》。全国公路国道网建设规划为建立全国公路网的基本框架勾画了蓝图,开启了全国公路网建设的序幕。到1978年底,全国公路通车里程达到89万多公里,基本实现了社社通公路的目标,这为全国公路网的形成奠定了基础。

第三节　改革开放前的铁路干线建设

铁路不仅是国家重要的交通基础设施,而且是国民经济发展的大动脉,在国家交通体系中处于骨干地位。它安全、经济、便民、实惠、全天候运输的特点,决定了它是大众化的交通工具。新中国成立后到改革开放前,党和政

---

① 西藏地区公路交通网逐渐形成[N].人民日报,1956－04－16.
② 《当代中国的公路交通》编辑委员会.当代中国的公路交通[M].北京,香港:当代中国出版社,香港祖国出版社,2009:21.

府高度重视铁路事业的发展,投入大量人力、物力和财力加强铁路建设,修筑了通达各省的铁路干线和覆盖全国的铁路网。铁路事业的发展有力地促进了国民经济的发展,使人们的出行更快捷、舒适。铁路干线在铁路网中起骨干作用,具有重要的政治、经济和国防意义,并会对全国运输联系和沿线地带经济社会发展产生重大而深刻的影响,因而铁路建设的首要任务就是加强铁路干线的建设。

新中国成立前夕,我国铁路事业比较落后。"解放前夕,只修筑了铁路二万一千多公里,主要集中在京广线以东的沿海和华北、东北地区。西北、西南地区的铁路寥寥无几,青海、宁夏、新疆等省、自治区根本没有铁路。"①二万一千多公里的铁路中,勉强维持通车的铁路仅一万多公里,而且分布不平衡,过分集中于东北及东部沿海地带,辽阔的内地为数甚少。为了发展经济,改变铁路交通的落后局面,新中国成立后我国大规模进行铁路干线建设,大致经历了修复旧干线和建设新干线两个时期。

首先,积极修复旧干线。新中国成立初,在毛主席"解放军打到哪里,铁路就修到哪里"的口号鼓舞下,铁路职工和铁道兵团指战员斗志昂扬,夜以继日地抢修铁路,使大量铁路得以修复。"1949 年修复铁路 8300 多公里,修复桥梁 2715 座;到 1950 年底,修复的铁路达到 14089 公里,使原有铁路基本畅通……在增加通车里程的同时,国家还改善了原有线路,提高了行驶速度,优化了管理制度,使铁路的货物周转量逐年提高,1952 年达到 601 亿吨公里,比新中国成立前最高年份增加 50%。"②紧接着,1956 年国家积极改建新中国成立前建成的滨(哈尔滨)北(安)线、绥(化)佳(木斯)线、沈(阳)吉(林)线、宝(鸡)兰(州)线、南同蒲线(太原至风陵渡)和宁(南京)沪(上海)线。这些铁路干线大多数是新中国成立前建成的,许多地方设计得不够合理,不是站线短、坡度大,就是道轨窄,因而机车牵引定数很低,不

---

① 三十年来新建铁路干线和支线一百零三条[C]//人民日报社人民手册编辑组. 人民手册 1979 年. 北京:人民日报出版社,1980:586~587.

② 武力. 中华人民共和国经济史:上卷[M]. 增订版. 北京:中国时代经济出版社,2010:158.

能满足日益增加的运输需要。经过改建后,这些线路的运输能力大大提高,并可更进一步保障行车安全。

其次,大力建设新干线。为了彻底改变铁路落后状态,新中国建立以后,在百业待兴、资金有限的情况下,人民政府就对铁路干线建设进行大量投资。到1959年,"经过修复、改造,并修建了许多新线,根本改变了旧中国铁路的面貌,通车里程达到三万二千多公里,铁路轨道总延长达五万七千多公里。铁路干线已伸进西北、西南广大地区,目前除西藏外,全国各省、自治区已经都有了铁路。在铁路建设中,修建了许多艰巨复杂的工程,像穿越秦岭的宝成铁路,横跨海峡的鹰厦铁路,飞渡长江的武汉大桥,美轮美奂的北京车站,等等"①。这些铁路的先后建成,基本上改变了中国铁路分布的畸形状态。新建的铁路就像条条铁龙飞奔万水千山,已经伸向了全国各地。从新疆乘上火车,只用几十个小时就能直达东海之滨。从东北的满洲里,坐火车一直能到达祖国南部边缘的睦南关(今友谊关)。广大山区和边远地区的人民,可以乘坐舒适的火车,越过高山深谷,通过空气稀薄的大高原,或者穿过人烟稀少的大沙漠,驶过一望无际的大草原,直达祖国的首都——北京。

之后,干线铁路的建设始终没有停止,三十年的干线铁路建设成绩斐然。"三十年来,国家大力发展铁路运输事业,用于新建铁路的总投资达三百多亿元。新线百分之七十五分布在京广线以西的广大地区。在西南的云贵川三省,陆续兴建了成渝、宝成、川黔、贵昆、湘黔、成昆、襄渝铁路,并改建了湘桂、黔桂等铁路,初步形成了西南地区的铁路网骨架,大大改变了西南地区交通困难的局面。"②以1966年建成的贵昆铁路为例,它是从我国内地的铁路网上伸展到西南边疆云南省的第一条铁路干线。它的通车,给云贵的各族人民带来了无限的欢乐,大大改变了层峦叠嶂、山高壑深的云贵高原

---

① 吕正操.铁路十年[N].人民日报,1959 - 09 - 28.

② 三十年来新建铁路干线和支线一百零三条[C]//人民日报社人民手册编辑组.人民手册1979年.北京:人民日报出版社,1980:587.

的交通运输状况。铁路通车以前,从贵阳到昆明,乘汽车要用五天的时间;通车后坐上火车,十多个小时就可以到达。贵昆铁路同川黔铁路、成渝铁路和 1970 年运营的成昆铁路相接,形成了我国西南地区的环形铁路网。这个铁路网又通过其他铁路干线,同祖国的西北、华北、中南和东南沿海等广大地区相通。这就大大加强了西南地区与全国各地的联系。在西北地区,相继建成了兰青、兰新和包兰等铁路干线,从此结束了青海、新疆、宁夏没有铁路的历史。这些铁路干线的建成,显著改变了我国铁路网的布局,有力地促进了西南、西北地区经济建设的发展,加强了沿海与内地的联系。

第四节　改革开放前民用航空事业的发展

民用航空在经济发展中的地位举足轻重,是经济增长的重要驱动力量,经济越发展,民用航空的作用就越突出。新中国民用航空事业的发展历程见证了这一点。1949 年 11 月 2 日,中国民用航空局成立,揭开了我国民用航空事业发展的新篇章。从这一天开始,新中国民用航空事业迎着共和国的朝阳起飞,从无到有,由小到大,由弱到强,经历了不平凡的发展历程。

新中国成立之初,新中国民用航空事业非常落后。到 1950 年,中国民航仅有航线 12 条,载运旅客 1 万人,运输总周转量 157 万吨公里。此后,在中国民航局领导下,合资经营的中苏航空公司开辟了国际航线;中国人民依靠自己的力量,开辟了国内航线。新中国的民用航空是人民的事业,它是为生产、为国防需要和人民的政治、经济、文化生活服务的。"一九五零年八月一日民用航空开航以来,业务上已有一定的发展。一九五三年的飞行公里较一九五一年增加了约四倍。如以一九五四年上半年同一九五一年上半年比,飞行公里增加了约六点三倍。新中国的民用航空事业为边疆的城市和乡村输送了大批蚕种、鱼苗、工业器材、医疗药品、报纸和文化读物,以它的迅速的特点,为国家的工农业生产服务。"①经过四年的努力,到1953年底,我国共有长达一万五千九百公里的民用航空线。由北京出发,有好几条航线可以通达上海、武汉、重庆、昆明、南宁、广州、沈阳、哈尔滨、西安、兰州和乌鲁木齐等城市;还有三条国际航线,通向赤塔、阿拉木图、伊尔库茨克,与苏联的民用航空线衔接起来,通达莫斯科以及东欧各人民民主国家的首都。1953年,国家制定和实施民航发展"一五"计划,到1957年民用航空超额完成五年计划,这促进了中国民用航空业的较快发展。"中国民用航空线长度已增长到两万六千公里,为1952年的两倍。现在民航飞机已在以北京为中心的联接三十八个国内城市和六个外国城市的二十九条定期航线上飞行。此外,中国民用航空局还和世界各国的四十多个航空企业建立了直接和间接的航空联运关系。第一个五年计划期间,客货空运周转量(按吨公里计算)平均每年增长近30%。"②

1972年,国家积极发展国际航空关系,签订航空运输协定,航空客运继续增长。1975年,随着国民经济的整顿,民航开辟多条航线,运输生产持续快速增长,实现了扭亏为盈。到1976年底,中国民航的国际航线已发展到8条,通航里程达到40933公里,占通航里程总数的41%;国际运输总周转量达到3948万吨公里,比1970年增长23倍多,由占运输总周转量的3%上升到21%;它所载运的旅客和货物、邮件,分别比1970年增长将近6倍和15倍。③

第五节　改革开放前水运事业的发展

水运是使用船舶运送客货的一种运输方式,分海运和河运两种。水上

---

① 查夷平,王新章.创办中的民用航空事业[N].人民日报,1954-09-27.
② 民用航空五年内航线增长一倍[C]//大公报社人民手册编辑委员会.人民手册1958.天津:大公报社,1958:565.
③ 《当代中国的民航事业》编辑委员会.当代中国的民航事业[M].北京,香港:当代中国出版社,香港祖国出版社,2009:50.

运输与我们每一个人息息相关。水路,是人们的一种出行方式;水路,也是大宗货物最常用的运输方式,它是综合运输体系的重要组成部分,在干线运输中起主力作用,主要承担大数量、长距离的运输任务。新中国的成立,揭开了水运事业发展的历史新篇章。水运事业与时俱进,不断调整行业结构,转变发展方式,注重水运创新,强化行业管理,取得了举世瞩目的成就。共和国的水运事业发展对国民经济、对外贸易和区域经济社会的发展起到了重要支撑作用,为国民经济和社会发展做出了巨大贡献。

新中国成立前夕,运输船舶技术状况差,港口设施落后,装卸作业主要靠人挑肩扛,航道失修淤积严重,内河航道里程仅 7.36 万公里,泊位 200 多个,以通用件杂货码头泊位为主,水运事业百废待兴。新中国成立,水运事业发展迎来了历史机遇期。在 1949 至 1952 年国民经济恢复时期,水运事业恢复发展。1949 年底,"全国交通系统拥有运输轮驳船 5698 艘、37.1 万载重吨,16.3 万客位;运输木帆船 30 万艘、313.1 万载货吨;内河通航里程 73615 公里,北方沿海航线基本恢复;完成货运量 2543 万吨,客运量 1562 万人,其中木帆船完成约 2000 万吨、200 万人;江、海主要港口货物吞吐量合计 910 万吨"。① 交通部接收了官僚资本航运企业,接管沿海主要港口,成立各级航务机构;打捞沉船,迅速恢复华北地区内河航运及沿海、近洋航运,促进经济恢复发展。

"一五"计划期间,我国建立了"集中统一、分级管理、政企合一"的水运管理体制,以国家为主导,有计划、有重点地进行水运事业的建设。我国相继新建了天津塘沽港、湛江港、南京裕溪口港等港口,整治开发了以长江上游川江航道为重点的内河航道,加速了航道勘测和航标电气化改造,基本清理了长年碍航的雷区和沉船。"一五"计划期间,我国整治开发长江的内河航道,使长江这一"黄金水道"畅通无阻,促进了长江水运的发展。"这几

---

① 《当代中国的水运事业》编辑委员会.当代中国的水运事业[M].北京,香港:当代中国出版社,香港祖国出版社,2009:41.

年,长江的运输一年比一年繁忙。去年全长江的运输任务比 1950 年增加了将近七倍。五年里全长江运送旅客的人数,等于在全国每十七个人中,平均有一人在长江乘坐轮船航行一次。货运的任务更为巨大。千万吨的建设器材和生活用品昼夜不停地运送到两岸各地。"①

内河运输利用天然航道,投资少、见效快,受到党和政府的重视,20 世纪 50 年代中后期我国掀起了内河航道建设高潮。1958 年 10 月,时任交通部副部长孙大光指出:"水上运输具有运量大、成本低的优越性,是交通运输的重要方式之一。……今冬明春全国的水利工程规模是空前的,我们应当同水利部门很好配合,这样就可以使我们明年的通航里程增加几十万公里。"②航道里程迅速增长,水路运输在全国交通运输业中的比例提高。此后,在水路运输发展中,出现了压货、压港、压船现象,港口建设提上了日程。1973 年,国务院成立了建港领导小组,采取有力措施,集中力量大规模地进行港口建设,短短三年时间,一批机械化、半机械化的大型专业码头建成投产,沿海主要港口面貌发生了很大变化,有力地缓解了港口生产能力全面紧张的局面。③ 在一批机械化、半机械化大型专业码头泊位建立的同时,我国着手建设集装箱码头,港口吞吐能力有了大幅提高。

经过共和国 30 年水路运输建设,中国水运事业取得了初步发展。到改革开放以前,中国内河航道里程由 7.36 万公里增加到 13.6 万公里,全国沿海主要港口共拥有生产型码头泊位 311 个,其中万吨级泊位 133 个,内河主要港口生产型码头泊位 424 个。但此时仍存在港口泊位不足、内河航道等级低、质量较差、自然航道缺乏维护等问题。

---

① 徐奔.一日千里的长江航运[N].人民日报,1957 – 10 – 30.
② 结合河网化大搞航运 交通部在安徽召开河网化现场会议[N].人民日报,1958 – 10 – 08.
③ 黄镇东.中国公路水运交通五十年腾飞之路的启示[N].光明日报,1999 – 09 – 20.

第二章

改革开放前的民众出行方式

新中国成立前,中国经济基础薄弱,交通运输业发展滞后,普通民众行无路、坐无车,全国处于闭塞的状态。新中国成立后,中央政府高度重视交通运输业的发展,我国交通运输业实现了从"无路"到"有路"的跨越。交通运输业的发展,为普通民众的出行提供了便利,拓展了其活动的空间。同时,工业化推动了交通工具的发展,自行车不仅大量生产且日益普及,火车、汽车和轮船制造也得到长足发展。伴随着交通运输业和交通工具的发展,改革开放前的民众出行方式,经历了从"体力"到"便捷",从"传统"到"现代"的过程。在计划经济时代,近距离出行,城市居民挤公共电(汽)车、骑自行车或步行。农民步行或骑自行车,偶尔也搭乘客运汽车。远距离出行,民众乘汽车、火车或者轮船,少数人乘飞机。交通运输业和交通工具的发展虽然使民众出行方式有了巨大的改观,但人们的出行频率低、方式单一,"行路难"的问题依然存在。

第一节　乘公共电(汽)车

新中国的成立使党的工作重心由农村转移到城市,城市工作对于中国共产党来说是一个崭新的事业,任重道远。城市公共交通是城市的动脉,公共交通的畅通、便捷是城市工作的首要任务。实现城市公共交通的畅通、便捷,需要解决市民行无路、坐无车的问题。新中国成立初期国家投入财力,加强城市道路建设,改变了过去"行无路"的状况。同时,结合当时国情,国家逐步发展公共交通工具。鉴于新中国成立时没有汽车制造业,没有自产的石油,我国优先发展电车。在渡过解放初期燃料奇缺的难关之后,随着汽车制造业的发展,公共汽车行业得到了迅速发展。这样,乘公共电(汽)车逐渐成为城市居民出行的主要方式,公共交通越来越便捷。

一、公共电车的发展

新中国成立初期城市道路建设为城市公共交通的发展奠定了基础,改变了过去"行无路"的状况。城市居民出行,除了骑自行车和步行外,主要靠公共交通工具。有了路,"坐无车"问题显得尤为突出。到新中国成立前夕,全国只有 26 个城市共 2292 辆破旧的公共汽车、电车,主要集中在上海、天津、南京、广州等城市。人力三轮车、人力车、畜力车仍是城市的主要交通工具。即使在公共交通比较发达的上海,1949 年营运的人力车、人力三轮车仍多达 30229 辆,客运量占全市的 42.9%。经过战争的破坏,新中国成立后,城市公共交通工具极其匮乏。例如,新中国成立前夕北京的公共交通事业极其落后。"当时的有轨电车仅有 49 辆,并且残破不堪,能行驶的不过 20 辆。路线网长度只有 28.8 公里,营业路线有 5 条,长 35.18 公里。轨道已磨损二分之一,线路磨损已及半径,再加以长期失修,损坏严重,虽然还能出车营业,但经常发生事故,甚至发生翻车、轨道断裂、插入车内戳死乘客的伤亡事故。公共汽车公司因亏累不堪,已经关闭,大部分车辆都已拍卖了,只剩下 61 辆破车,能勉强行驶的只有 15 辆。职工只有 38 名,职工们为了维持生活,只好自己来修车、开车,行驶一条东四到西四,长 5.67 公里的营业路线。"[1]

鉴于新中国成立时没有汽车制造业,石油化工业非常落后,没有自产的石油,公共交通工具只能优先发展电车。"在已有公共车辆设备的地区,应切实加强经营管理,提高利用率,一般不予新建;新建工业区,凡与住宅区距离不远,可不建或少建公共车辆;如必须新建或扩建公共车辆,可根据各地

---

[1] 北京市交通运输局.一九四九至一九五九年北京市交通运输事业发展概况[A].北京市档案馆,1959:117 - 001 - 00103.

具体情况,利用已有的火车或适当发展电车,以节约汽油。"①电车是用电做动力的公共交通工具,电能从架空的电源线供给,分无轨和有轨两种。公共电车经历了由有轨电车到无轨电车的发展历程。新中国成立前的公共交通工具大多是"铛铛车",即有轨电车,有轨电车于1906年首先出现在天津。到1949年,全国有轨电车总数为860辆,占当时全国城市公交车辆的37.7%,线路总长度340公里。有轨电车受环境、车况影响较大,所波及的范围也非常小,因此有轨电车线路不长,数量不多。但新中国成立初期,无轨电车制造技术不成熟,而有轨电车载客量较大,又不需汽油等燃料,并且在国内几个大城市有较好的基础,因此,有轨电车在经济恢复时期得到了发展。如表2-1所示。

表2-1 1949—1952年主要城市有轨电车发展情况②

	车行线路长度/公里		车辆总数/辆		运客总数/万人次
	1949年底	1952年底	1949年底	1952年底	1952年底
总计	340	373	860	1049	49916
北京	51	52	103	175	7835
天津	29	36	182	171	8589
上海	73	81	331	352	10683
沈阳	49	57	60	127	9355
旅大	67	67	105	122	8440
长春	39	45	40	48	1573
哈尔滨	32	35	39	54	3441

---

① 国务院对城市建设总局报告的批文[C]//中国社会科学院,中央档案馆.1953—1957中华人民共和国经济档案资料选编:固定资产投资和建筑业卷.北京:中国物价出版社,1998:1104.
② 国家统计局.城市有轨电车的情况[C]//中国社会科学院,中央档案馆.1949—1952中华人民共和国经济档案资料选编:基本建设投资和建筑业卷.北京:中国城市经济社会出版社,1989:634.

北京的有轨电车发展走在了全国的前列。同时,北京市的交通运输事业也取得了很大成就。在公共交通方面,"1952 年的乘客人数比 1949 年增加了 2.8 倍,平均每年增长 56%。车辆增加 1.27 倍,从解放初期平均每 3 万人有车一辆,发展到平均每 54 人有车一辆。路线网长度增加了 2.05 倍,从解放时平均每 4.8 万人有一公里,发展到每 1 万人有一公里。每公里营业路线配车,从解放时 1.57 辆,增加到 2.1 辆,引车频率大大提高"[①]。在第一个五年计划期间,在电车修复工作开始后,北京就制造有轨电车,拓展新的线路。到 1956 年底,"北京市有轨电车的运营车辆发展到 240 辆,比 1949 年增长了 1.4 倍;营业线路发展到 9 条,线路长度近 85 公里,比 1949 年增长了 1 倍;在内外城的主要干道上,基本形成了互相连接的有轨电车网;有轨电车客运量达到 14795 万人次,比 1949 年增长了 4.3 倍。这对解决首都的公共交通问题发挥了很大作用"[②] 在这一时期,沈阳、长春、哈尔滨等城市,也对有轨电车设施进行了改造和扩建。

经过科研工作者的艰辛探索,1956 年 12 月,由我国自制的第一辆无轨电车在北京无轨电车制配厂研制成功,这为我国无轨电车的发展开辟了道路。"由我国自己制造和装配的第一辆无轨电车在北京无轨电车制配厂诞生了。试车结果,效能良好。目前该厂已连续生产了四辆。这批电车将于 1957 年元旦在首都行驶。……北京第一次行驶无轨电车的路线是从动物园到朝阳门,全程共十一公里。"[③]在无轨电车研制成功后,随着城市公共交通的发展和汽车数量的增多,从 20 世纪 50 年代末开始,中国的大城市陆续拆除有轨电车线路,有轨电车渐渐驶离了人们的视线,代之以无轨电车。1957 年,北京、沈阳、大连等城市都出现了无轨电车。20 世纪 50 年代末,北京、上海等城市实行以无轨电车代替有轨电车的发展方针。随着城市建设

---

① 北京市交通运输局.一九四九至一九五九年北京市交通运输事业发展概况[A].北京市档案馆,1959:117-001-00103.

② 《当代中国的城市建设》编辑委员会.当代中国的城市建设[M].北京,香港:当代中国出版社,香港祖国出版社,2009:174.

③ 我国自制无轨电车明年元旦日在北京行驶[N].光明日报,1956-12-14.

的发展,"1960 年北京市公共交通车辆达到了 2170 辆,比 1957 年增加 43%,开辟的营业路线共有 67 条,784 公里,从 1957 年开始建设的无轨电车,到 1959 年已基本代替了有轨电车,至 1960 年路线网发展了 66.18 公里,车辆 355 辆,并制成了大型的通道式无轨电车,与解放前官僚资本经营了 28 年的有轨电车比较,路线网增加了 1.3 倍,车辆增加两倍"。[①] 到 1959 年,全国无轨电车 973 辆,为 1949 年的 586%。[②]

后来苏联停止向中国出口石油,更促进了无轨电车的发展。北京的无轨电车发展迅速,北京市从 1958 年到 1966 年,有轨电车线路全部拆除,无轨电车线路发展到 16 条,运营长度达 173 公里,车辆发展到 440 辆,年客流量达到 33700 万人次,相当于 1956 年有轨电车客运量的 1.3 倍。20 世纪 70 年代,无轨电车在技术上有了新的发展,出现了可控硅斩波调速车辆。这种新型车辆,与旧式电阻调速车辆相比,具有操作简便、车辆的加速性能改善、乘坐舒适性提高以及节电效果明显等特点。无轨电车技术的进步,促进了无轨电车的发展,民众的出行更加方便。

二、公共汽车的发展

公共汽车,指在城市道路上循固定路线,有或者无固定班次时刻,承载旅客出行的机动车辆。新中国成立初期,各地公共交通部门所修复的车辆,绝大多数是旧汽车。为了迅速恢复和发展首都的公共交通事业,1949 年底,政务院决定将南京的美制道奇公共汽车调往北京投入运营。"前南京公共汽车公司自十一月决定迁并于北京公共汽车公司后,除少数职工外,全公司二百五十余人都来京参加首都交通建设工作。他们在本月七日和廿三日

---

① 北京市交通运输局.北京市交通运输事业三年大跃进的初步总结[A].北京市档案馆,1961:117-001-00207.

② 国家统计局.我国国民经济问题研究资料[C]//中国社会科学院,中央档案馆.1958—1965 中华人民共和国经济档案资料选编:固定资产投资与建筑业卷.北京:中国财政经济出版社,2011:820.

分两批带着该公司的红色大座车六十辆先后到达北京,余下的三十二辆明年一月也可运到。"①这促进了北京公共交通事业的发展,方便了市民出行。从 1951 年起,北京、天津等市又陆续从苏联、捷克、匈牙利进口了一批吉斯、布拉格、依卡洛斯、斯柯达牌公共汽车,这使新中国城市公共汽车事业恢复和发展起来。经过三年的恢复发展,到 1952 年我国设有公共汽车的城市增加到 40 个。如表 2 - 2 所示。

表 2 - 2　1949—1952 年设有公共汽车的城市发展情况

	1949 年底设有公共汽车的城市	1950—1952 年新增设公共汽车的城市
总计	24 个	16 个
华北	3 个,即北京、天津、大同	3 个,即太原,呼和浩特、张家口
东北	8 个,即沈阳、旅大、鞍山、长春、吉林、哈尔滨、齐齐哈尔、牡丹江	2 个,即本溪、安东
西北	1 个,即西安	2 个,即兰州、乌鲁木齐
华东	6 个,即上海、济南、青岛、南京、杭州、福州	2 个,即苏州、南昌
华中	2 个,即武汉、长沙	3 个,即黄石、孝感、衡阳
华南	2 个,即广州、汕头	2 个,即湛江、海口
西南	2 个,即重庆、昆明	2 个,即成都、贵阳

新中国成立初期,没有自产的石油,美国对中国实行石油禁运,汽油供应十分紧张,再加上没有汽车制造业,这给公共汽车的运营带来极大困难。但由于公共汽车机动性强、维护方便,无须高架线网和轨道,在渡过解放初期燃料奇缺的难关之后,公共汽车得到了迅速发展。据北京市统计,1956年底,公共汽车的客运量比 1949 年增长了 205 倍,线路长度增长了9.4倍。汽车制造业的诞生和发展,使中国有了自己生产的公共汽车。1957 年,北京、天津、上海相继制造出公共汽车。"今年以来,第一汽车厂还为国家交通运输部门和各地汽车修配厂生产了大批汽车配件。这对全国改装新汽车、

① 南京公共汽车公司职工参加首都交通建设工作　北京汽车公司昨开欢迎大会[N].光明日报,1949 - 12 - 27.

复活旧车起了很大的作用。目前上海、天津、北京、青岛等城市,已经用解放牌汽车底盘改装成公共汽车、无轨电车、消防车、洒水车等国产变型汽车。广西、江苏、山东、河南、河北、山西、陕西、甘肃等八个省和内蒙古自治区,也都正在用国产汽车底盘和发动机,改制长途客车。西宁、拉萨等过去从来没有公共汽车的城市,现在也有用解放牌汽车改装成的国产公共汽车了。"①全国各地国产公共汽车的生产,促进了城市公共汽车的发展。"城市的公共交通事业,前四年也有很大发展。十二个原来没有公共汽车的城市有了公共汽车。全国现在五十二个有公共汽车和电车的城市,共增加了一千五百多辆汽车,二百多辆电车。兰州等城市还修建了环行铁路。"②1959 年,北京、天津、上海这 3 个城市又制造出铰接式公共汽车,载客量由 80 人增加到 140 人左右。同时,南京等城市也出现了铰接式公共汽车。1974 年之后,铰接式公共汽车大批投入运行。总而言之,由于党和政府不断的资金投入,经过二十多年的发展,中国的城市公共汽车事业取得了明显的进步。中国城市公共汽车的快速发展,促进了城市的发展,为市民的出行提供了便利。

第二节　乘客运汽车

改革开放前,我国由于民航客运业发展落后,铁路客运对象特殊,水路客运具有地域性,汽车客运在民众出行方式中占有举足轻重的地位。新中国成立时,客运汽车不但数量少,而且技术状况较差。为了改变汽车客运的落后局面,中央政府高度重视,一方面加快公路建设,另一方面加大财力支持,发展汽车客运。随着公路的延伸及营运线路的不断开辟,新建的客运车站越来越多,汽车客运事业不断发展壮大。汽车客运事业的发展,使民众出行方式由骑马或骑毛驴转变为乘客运汽车,经历了从"传统"到"现代"的

---

① 陈子林.解放牌汽车驰遍全国[N].人民日报,1957 – 09 – 26.

② 李峰.我国城市建设四年来一日千里　旧社会遗留下的不合理状况正在改观[N].光明日报,1957 – 02 – 04.

转变。

一、汽车客运恢复并发展(1949—1952年)

中华人民共和国成立前,除少数大城市和一些省会所在地周围有几条公路能够勉强开行客运班车外,绝大部分地区的人民出行,主要依靠马匹、毛驴、骆驼和畜力车。一些世代居住在边远地区和山区的人民,基本上处于与世隔绝的状态。新中国成立后,为了促进汽车客运业的发展,满足民众出行需求,政府成立国营汽车运输企业促进道路运输的发展。"新中国成立伊始,道路交通作为经济发展的基础,得到国家的重视。1950年4月5日,交通部成立了国营运输总公司,各大行政区、各省也组织了规模大小不等的直属运输公司。"①国民经济恢复时期,为了适应日益增长的旅客运输需要,国营汽车运输企业大力修复了一些遭受战争破坏的客运车站。随着公路的延伸及营业线路的不断增加,汽车客运恢复并发展。"1952年底止,全国营运里程已达九万三千余公里,班车里程七万余公里,对于短程面的运输和在地方交通中起了重要的作用。"②为了扩大旅客运输能力,各地国营汽车运输企业普遍组织力量修复、拼装国民党政府遗留的废旧客车;帮助私营汽车运输企业克服困难,尽快恢复旅客运输;动员载货汽车的驾驶员在驾驶室内附搭旅客。经过三年的恢复发展,汽车客运获得长足发展。与1949年对比,1952年公路交通部门汽车运输企业拥有的客车从3100辆增加到3500辆,客运量从1809万人次增加到4559万人次,旅客周转量也从7.96亿人公里增加到22.64亿人公里。在此期间,内蒙古自治区汽车客运事业恢复和发展尤为突出。"经过内蒙古各族人民三年多的努力,现内蒙古地区除有郑(郑家屯)大(大虎山)线、白(白城子)阿(阿尔山)线等三条铁路与全国各

---

① 中华人民共和国交通运输部,《中国交通运输60年》编委会.中国交通运输60年[M].北京:人民交通出版社,2009:84.
② 关于交通工作的基本情况与今后方针任务的报告[N].人民日报,1953-10-29.

地紧密联系在一起以外,现已修通了十六条公路线,长达四千余公里;运送旅客和货物的汽车也由一九五零年的十五辆,增至一百四十余辆。现在有二千六百公里的公路线经常跑着往返于草地、农村与城市间的定期班车。"①

二、汽车客运快速发展(1953—1957 年)

"一五"计划期间,国民经济的迅速发展,为汽车客运业大发展创造了机遇。"第一个五年计划期间,随着国民经济的迅速发展,公路运输也有显著的发展……汽车客运量将达到 2.38 亿人,较 1952 年增长 4.4 倍,较五年计划规定指标超过 108%;旅客周转量将达到 91.8 亿人公里,较 1952 年增长 3.7 倍,较五年计划规定指标超过 60%。……国营客车车吨年产量达到 40057 吨公里,较 1952 年增长 128%;液体货车成本较 1952 年降低 34.37%。"②到 1957 年,公路交通部门汽车运输企业共有客车 5500 辆。在此期间,广大私营运输业的公私合营,汽车和民间车辆结合使用,促进了汽车客运的发展。"第一个五年计划期间,公路运输部门基本上满足了国民经济的需要。由于国营汽车运输业的经营管理水平不断提高,广大私营运输业及其修理业实行了公私合营,有关部门组织了部分机关企业的汽车参加公用运输,预计到 1957 年底,汽车客运量将超额 108% 完成 1957 年指标,比 1952 年增长 440%;客、货汽车的运输效率将比 1952 年提高 139%,运输成本将降低 36.25%。在巩固和扩大汽车运输业的同时,有关部门还对广大的民间车辆实行了适当发展和充分利用的政策。五年当中,大约有 80%的公路运量和 40%的周转量是由民间车辆完成的。"③

在此期间,省际的客运联营开始实行。从便利旅客的角度出发,江西省

① 内蒙古自治区交通运输事业迅速发展[N].人民日报,1953 – 08 – 23.

② 交通部公路总局:第一个五年计划公路与运输事业若干问题初步总结[C]//中国社会科学院、中央档案馆.1953—1957 中华人民共和国经济档案资料选编:交通通讯卷.北京:中国物价出版社,1998:479.

③ 朱田顺.把汽车和民间车辆结合使用[N].人民日报,1957 – 11 – 20.

国营汽车运输企业与邻省广东、福建、安徽达成协议,开辟了赣州至韶关、赣州至长汀、上饶至建宁、景德镇至屯溪4条跨省客运线路,旅客一票直达,不必中途换乘。拉萨—峡东公路线直达班车,成为当时全国公路运输中最长的省际班车路线。"拉萨—峡东公路线直达班车开始通车;第一次班车17日从拉萨开出。它将通过青海到达甘肃玉门县内的峡东,全长一千九百多公里,是目前全国公路运输中最长的班车路线。峡东是兰新铁路上的车站。拉萨—峡东直达班车开行以后,给从拉萨到兰新铁路的旅客带来不少方便。"①

三、汽车客运继续发展(1958—1962年)

1958年,"二五"计划开始实施。在第二个五年计划期间,客运汽车的增加促进了长途汽车客运继续发展。"在第二个五年计划期间,应逐步改变这个不合理的汽车分配比例,更多地增加营业汽车。因此,预计五年内应增加营业汽车十万到十五万辆。为了满足广大农民、下乡干部和城市职工日益增长的旅行需要,在新增的车辆中,应有一定比例的客运汽车,做到县城和要镇都能开行客运班车。"②1958年,为了扩大客运能力,一些汽车运输企业制造了客运挂车。"全国汽车列车化运动正在迅速发展,到1958年底已经制造挂车三万多辆,对缓和运输紧张状况起了重要作用。目前挂车已推行到公路客运车辆上使用。如北京、上海、青岛、沈阳等十四个城市的公共汽车已在部分路线实行拖带挂车。广东、湖南、广西等地的长途客车也拖上了挂车。"③同时,许多客车由于长期使用,失养失修严重,技术状况日趋恶

---

① 线路最长的公路班车[N].人民日报,1957-10-20.

② 交通部党组关于第二个五年公路、水运发展规划的报告(节录)[C]//中国社会科学院,中央档案馆.1958—1965中华人民共和国经济档案资料选编:固定资产投资与建筑业卷.北京:中国财政经济出版社,2011:434.

③ "挂车三万辆 处处显威风 汽车拖挂运输运力增加半倍"[N].人民日报,1959-01-11.

化。1960 年末,公路交通部门汽车运输企业的客车保有量为 6400 辆,但平均完好车率仅 60% 左右。①

1961 年,各行各业支援农业,客流发生了变化。各地汽车运输企业卓有成效地进行了调整工作,逐步把客运工作转移到支援农业的轨道上来。"全国跨省的公路班车线,目前比 1961 年底增加了十二条。这些线路分布在十二个省的边远地区,一部分是去年新开辟的,一部分是恢复直达班车的老线路。交通部门把开辟和恢复这些线路作为支援农业生产的重要任务之一。"②为了解决汽车客运面临的客车缺乏问题,我国增加了长途客车装配。"在机械部门筹建客车制造厂期间,为适应客运急需,交通系统现有汽车修理厂应结合维修安排部分客车装配任务,并应有重点地加强客车装配能力,要求成都交通机械厂等七个重点厂,一九六五年客车装配能力达到六百五十辆,交通系统工厂一九六四年计划改装四百二十辆,一九六五年计划改装九百五十辆。"③到 1965 年,全国汽车客运的调整工作基本完成。统计表明,1965 年,公路交通部门汽车运输企业的客车保有量增加到 9600 辆,客运量上升到 4.37 亿人次,旅客周转量达 168.2 亿人公里。④

四、汽车客运受挫(1966—1976 年)

此时,汽车客运工作遭受挫折。特别是 1970 年,许多省、自治区、直辖市汽车运输企业下放到地方管理之后,地区分割加剧,营运线路延伸阻力

---

① 《当代中国的公路交通》编辑委员会. 当代中国的公路交通[M]. 北京,香港:当代中国出版社,香港祖国出版社,2009:271.

② 交通部门努力支援农业生产全国增加十二条跨省公路班车线四川山西加强粮食和经济作物产区公路养护工作[N]. 光明日报,1963-02-04.

③ 关于交通工作 1964—1965 年的调整意见:草案[C]//中国社会科学院,中央档案馆. 1958—1965 中华人民共和国经济档案资料选编:固定资产投资与建筑业卷. 北京:中国财政经济出版社,2011:498.

④ 《当代中国的公路交通》编辑委员会. 当代中国的公路交通[M]. 北京,香港:当代中国出版社,香港祖国出版社,2009:271.

大,跨区客运班次增加困难,旅客中转衔接不上,车日行程普遍下降,不少企业亏损。

第三节　乘火车

新中国成立后,党和政府十分重视铁路建设,经过三十年,铁路运输事业大发展,全国铁路网骨架基本形成,全国铁路的布局改变。但长期以来,我国铁路旅客运输的主要对象是只占全国人口 20% 左右的城市居民,其乘车量占全路客运量的 80% 左右。而占全国人口 80% 的农民,多年来乘坐火车人次占铁路客运量的比例不大。那时火车作为连接城市之间的主要交通工具,并不像现在这样便捷。不仅线路少,而且运载能力和速度也有限。很多进城务工的农民和探亲、求学者经常挤在狭小的车厢内,席地而坐,抱着行李,孩子的哭声经常伴随着整个乘车过程。

一、铁路客运恢复并发展(1949—1952 年)

新中国建立前夕,我国勉强维持通车的铁路仅 1 万多公里。新中国成立后,党和政府十分重视铁路建设,作为国民经济发展大动脉的铁路迎来了新生。1949 年 10 月 1 日,中央人民政府铁道部成立,铁路职工和铁道兵团指战员斗志昂扬,夜以继日地抢修铁路,成果显著。1949 年共修复线路8278 公里,其中完全被破坏而修复的为 3328 公里,破坏较轻加以修整的为4950 公里;修复桥梁 2717 座,延长 90249 米;修复站线 828 公里,给水塔158 座,电线路 62758 公里。到该年底,全国通车营业的铁路已达 21810 公里。全国通车营业铁路的发展促进了铁路客运恢复和发展。"5 月 1 日将北京沈阳间的直通旅客列车恢复,紧随着淮河大桥的修复,7 月 10 日恢复了天津浦口间的直通客车,和十几年来未能直通的京沪通车,11 月 15 日恢复了京青、京包、京汉等主要干线直通客车,并开行了京满、京哈等直通客车。

乘车旅客,东北总局1月份2259318人,12月份为4808483人,增加了112.8%。北方各路,以11月份为最高,全月达6050807人,南方12月份为2940346人。总计全国铁路全年乘车旅客87619705.5人。"①国民经济恢复时期,国家投入大量财力加强铁路建设,铁路事业和铁路客运取得发展。到1952年底,大陆上原有铁路干线除个别路段外已全部修复通车,营业里程增加到22876公里,并通过补强与改善,提高了行车速度。可能修复的大型主型机车及客车、货车,也已基本全部"复活",使机车保有量达到4180台,并有294台作为储备。……客运量从1949年的10279万人增加到16352万人,客货周转量从1949年的314.01亿换算吨公里增加到802.24亿换算吨公里。

二、铁路客运快速发展(1953—1957年)

"一五"期间,国家大规模经济建设的逐步展开促进了铁路客运的快速发展。

首先,全国铁路通车里程延长使铁路客运发展。"第一个五年计划期间,全国铁路新建和修复的干线、支线、复线和企业专用线近一万公里。到1957年,全国铁路通车里程比1952年增长22%……客运量增长91%,保证了国民经济发展对铁路运输的需要。"②

其次,"一五"计划优先发展重工业,这使客车机车建造速度加快,促进了铁路客运发展。如表2-3所示。

---

① 铁道部1949年全国铁路工作总结资料[C]//中国社会科学院,中央档案馆.1949—1952中华人民共和国经济档案资料选编:交通通讯卷.北京:中国物资出版社,1996:440.

② 铁道部.铁路十年(1949~1958)[C]//中国社会科学院,中央档案馆.1953—1957中华人民共和国经济档案资料选编:交通通讯卷.北京:中国物价出版社,1998:370.

表 2-3 1952—1957 年客车机车建造情况①

客车总辆数/辆	按轨距区分				按构造区分			总辆数指数/%	
	准轨	宽轨	窄轨(米轨)	窄轨(寸轨)	软、硬卧车	软、硬坐车	其他	以1952年为基数	以上年为基数
1952 年 5113	4847	—	226	40	416	2922	1775	100.0	96.1
1953 年 6299	6032		227	40	486	3073	2740	123.2	123.2
1954 年 7387	7121		226	40	638	3328	3421	144.5	117.3
1955 年 7927	7644	46	197	40	752	3637	3538	155.0	107.3
1956 年 8164	7931	46	147	40	900	3754	3510	159.7	103.0
1957 年 8566	8345	59	127	35	1183	3919	3464	167.5	104.9

再次,通过调整票价,促进铁路客运持续健康发展。"客运运价的调整,对广大旅客是有好处的。首先,就是改进了各种票价之间低级车种票票价偏高,而高级车种票票价偏低的不合理现象,使旅客享受的条件和支付的代价互相适应,负担达到公平合理。其次,就是减低了短距离乘坐的简易客车、近郊列车以及货车代用客车的票价,大大便利了广大城市附近农民和工人的往来,减轻了通勤职工和通勤学生的负担。这一部分列车票价的降低和乘客的增加,又必然会适当地改善现有一些长途列车过分拥挤的现象。而更为重要的,客运运价的调整,不仅可以使铁路部门增加一些有关提高旅客服务措施的必要设备,还可以保证有一定的积累来进一步发展铁路运输事业。"②铁道事业的光辉成就使铁路客运迅速发展。如表 2-4 所示。

① 铁道部.铁路十年(1949~1958)[C]//中国社会科学院,中央档案馆.1953—1957 中华人民共和国经济档案资料选编:交通通讯卷.北京:中国物价出版社,1998:367.
② 新华社.改革铁路运价制度[N].人民日报,1955-05-31.

表 2 – 4　　1952—1957 年铁路客运发展情况①

	客运量/万人	指数/%			其中：近郊旅客/万人
		以 1949 年为基期	以 1952 年为基期	以上年为基期	
1952 年	16352.0	158.8	100.0	102.0	—
1953 年	22861.3	222.0	139.8	139.8	—
1954 年	23289.6	226.2	142.4	101.9	1337.0
1955 年	20800.9	202.0	127.2	89.3	1648.3
1956 年	25210.6	244.8	154.2	121.2	4358.4
1957 年	31261.8	303.6	191.2	124.0	8401.5

三、铁路客运曲折发展（1958—1965 年）

　　1958 年中共八大二次会议后,铁路部门为完成保粮、保钢的运输任务,客运数量大幅下降。"今年第三季度铁路运输计划完成得不好,大大加重了第四季度的运输任务。许多干线如京包线、陇海线（郑州至玉门）、京沈线、哈大线、绥佳线等通过能力不足,严重影响煤、铁、矿石、石油的运输。为了今后完成保粮、保钢的运输任务,我们认为有必要立即采取一些办法,严格控制旅客运输,减少旅客列车的对数,增加货物列车的对数,以增加粮、煤、铁、矿石、石油的运输量。"②但由于广大职工的艰苦努力,在付出巨大代价的情况下,铁路客运也取得了相当大的成绩。从 1958 年到 1960 年这三年中,铁路共运 14.44 亿旅客,比"一五"期间完成的总和还超过 2.09 亿旅客。客运量平均每年增长 25.5%。1962 年到 1965 年的国民经济调整时期,铁道部认真贯彻以调整为中心的"八字"方针,深入开展"安全、正点（优

　　① 铁道部.铁路十年（1949 ~ 1958）［C］//中国社会科学院,中央档案馆编.1953—1957 中华人民共和国经济档案资料选编:交通通讯卷.北京:中国物价出版社,1998:371.
　　② 铁道部党组关于控制旅客运输的报告［C］//中国社会科学院,中央档案馆.1958—1965 中华人民共和国经济档案资料选编:交通通讯卷.北京:中国财政经济出版社,2011:285.

质)、四爱"运动,整顿基础工作和规章制度,铁路客运得到发展。到了一九六四年,安全状况空前良好,全年重大、大事故大为减少,这成为以后若干年的赶超目标。如表 2-5 所示。

表 2-5 1958—1965 年客货列车正点率、行车事故情况[①]

年度	行车事故件数/件	其中		旅客列车正点率/%		货物列车正点率/%	
		重大事故	大事故	出发	运行	出发	运行
1958	30075	245	108	97.2	84.2	88.0	76.7
1959	39888	250	164	97.1	82.8	85.7	76.0
1960	56487	361	250	96.8	79.5	81.5	72.3
1961	41873	251	192	98.1	91.8	89.2	87.1
1962	22010	113	78	99.0	94.1	91.1	91.1
1963	15220	65	40	99.2	95.6	92.0	92.3
1964	12088	43	45	99.5	96.4	93.5	93.3
1965	13637	53	59	99.6	97.1	95.1	94.7

四、铁路客运受挫(1966—1976 年)

此时,铁路客运业遭遇挫折,同时也取得了一些成就。到 1976 年底,铁路营业里程达 4.63 万公里,其中双线地段 7285 公里,占 15.7%;建成了南京长江大桥,实现了宝成铁路电气化;研制成功韶山 1 型干线电力机车、东风 4 型电传动内燃机车;等等。

---

① 1965 年全国铁路统计资料汇编[C]//中国社会科学院,中央档案馆.1958—1965 中华人民共和国经济档案资料选编:交通通讯卷.北京:中国财政经济出版社,2011:92.

第四节　乘船

新中国成立时,水运事业落后,水路旅客运输百废待兴。新中国成立初期,水路运输船舶品种单一、吨位小、技术落后,仅有轮驳船 4000 艘、帆船 30 万艘。水路客货运输量很小,港口装卸主要依靠人挑肩扛,全国港口货物吞吐量近 1000 万吨。[①] 新中国成立后,国家重视水路旅客运输,投入了大量财力,水路客运发展迅速,特别是内河水路客运发展突出。在改革开放前,由于生产力不够发达,人们收入普遍偏低,生活节奏慢,沿江城市的公务往来,城乡客人往来,最佳的交通工具就是客轮。这样,以舟代步是人们出行的重要方式,且客运价便宜,因而水上客运量大。

一、水路旅客运输恢复(1949—1952 年)

随着各地区相继解放,交通部门及时组织力量,恢复水路旅客运输。在黑龙江,新造的"东北"客船于 1949 年 9 月 13 日正式营运;在长江,1949 年 12 月 19 日"民族""民联"两艘客货船首航汉渝线,载客 400 余人、载货 1000 余吨抵达汉口;在北方沿海,各航线旅客运输也相继恢复,"东方 1 号"至"东方 5 号"以及"海州""安乙"等客货船先后投入营运;在南方沿海,则将民生公司回国的 8 艘"大门字"型客货船投入临时航线承担客运任务。到 1952 年,水路旅客运输逐渐恢复并发展。"航路方面,三年来共新添船舶五十四艘,修复旧船五十余艘,打捞沉船四十四艘,修复拖轮二艘,共一千零三十匹马力,并重新整理了黄埔港和新港等港湾,各港和航道挖泥二千八百余万方。在运输生产上,仅就一九五二年来说……全国内河轮驳客运量完成

---

① 中华人民共和国交通运输部,《中国交通运输 60 年》编委会. 中国交通运输 60 年[M]. 北京:人民交通出版社,2009:79.

二千七百余万人,完成旅客周转量十七亿余人公里;全国沿海运输完成客运七十六万余人,完成客运周转量一亿余人海里。"[1]

二、水路旅客运输迅速发展(1953—1957年)

"一五"计划期间,交通部门建立了"集中统一、分级管理、政企合一"的水运管理体制,提高了管理水平,挖掘了运输生产潜力,相继新建了天津塘沽港、湛江港、南京裕溪口港等港口。20世纪50年代中后期我国掀起了内河航道建设高潮,航道里程迅速增长。内河拖驳运输方式得到推广,沿海运输船舶的一批动力内燃机、蒸汽机等设备的技术得到改造。"民主拾号"客货轮下水就是例证。"上海江南造船厂新造一艘沿海客货轮'民主拾号'于一九五四年十二月二十七日顺利下水。'民主拾号'轮是解放后我国制造的第一艘最大的沿海客货轮,它的结构坚固,在薄冰季节也能航行我国沿海各港口。"[2]管理水平的提高、航道的延长和客轮的建造,促进了水路旅客运输迅速发展。如表2-6所示,1957年水路旅客运输量是1952年的两倍多,1957年水路旅客周转量接近1952年的两倍。

表2-6 1952—1957年水路旅客运输量、周转量[3]

	1952年	1953年	1954年	1955年	1956年	1957年
旅客运输量/万人	3605	5324	5523	5646	7177	8780
旅客周转量/亿人公里	24.5	34.1	34.4	35.2	42.3	46.4

---

① 全国交通会议在京开幕[N].人民日报,1953-08-30.
② 新造"民主拾号"客货轮下水[N].人民日报,1955-01-04.
③ 国家统计局.1984中国统计年鉴:水运旅客运输量、周转量[C]//中国社会科学院,中央档案馆.1953—1957中华人民共和国经济档案资料选编:交通通讯卷.北京:中国物价出版社,1998:675.

三、水路旅客运输继续发展（1958—1962 年）

1958 年,国民经济进入了第二个五年计划时期,由于我国投资紧缺,航道建设重点主要转移到内河上。在内河航道建设上,川江航道得到了较大规模的整治,初步实现了宜昌到重庆段上下水的全面夜航。内河航道建设取得了重大的成就,促进了内河客运的发展。其中,内蒙古自治区炸掉暗礁,整修黄河航道,开辟了客运航线。"内蒙古自治区境内的黄河航道,最近首次正式办理客运。新开辟的客运航线是黄河中游的一段,自包头市东南行,沿着鄂尔多斯高原的达拉特旗、准格尔旗边缘到达乌兰察布盟清水河县的喇嘛湾,全长一百七十多公里。"①就连云贵高原上的乌江,也开辟了客运业务。"乌江是长江支流之一,也是贵州省最大的河流,滩多水急,向称天险。从一九五八年起,航运部门就开始有计划地整治这条河道。治河工人们炸掉礁石,拓展河槽,从险滩中凿出航道,实现了全线通航。在开办客运之前,通过这条航线已经运输了大批物资。现在,贵州省除乌江外,还有赤水河、锦江、清水江、都柳江通行拖轮。"②同时,水路旅客运输一心一意为人民服务,大连港推行客运服务一条龙,既方便,又可缩短旅行时间。"客运服务一条龙就是以大连港客运站、大连火车站为中心的车、船、站、店的全面共产主义大协作。这是水陆全程车、船、站、店一线相连,环环相扣的新型的客运服务组织形式。它打破了行业界限,结束了过去这些单位各自过日子的局面。"③

国民经济调整时期,为了加强水路客运安全,提高服务质量,交通部1961 年制定了"安全第一,正点运行,以客为主,便利旅客"的客运工作方针。同年,颁发了全国统一的水路旅客运输规章,并按沿海、长江航区编制

---

① 整修航道 炸掉暗礁 内蒙古境内黄河新办客运[N].人民日报,1962-05-28.
② 昔日乌江称天险 如今通航运客人[N].人民日报,1962-05-28.
③ 大连港的运输一条龙[N].人民日报,1960-04-16.

统一运价标准,各条航线均有固定客货班船,客运设施相应得到改善。20世纪60年代,中国自行设计和建造的沿海客货船"民主17"号和汉口—上海航线大型长江客货船相继投入客运。这些促进了水路客运的运输安全和发展。与此同时,水路客运沿海运输网逐步形成,远洋客运航线通往欧亚非,为发展我国同这些国家、地区人民之间的友谊和贸易做出了贡献。"我国一万四千多公里的海岸线上,现在有六十多条定期的和不定期的班轮航线,它们形成了一个初具规模的沿海运输网。……1961年4月,中国远洋运输公司的'光华'轮从黄埔港启碇,驶往雅加达,是我国远洋航运的首航。从那时起到目前止,我国的远洋客货轮船,已经开辟了通往东南亚、欧洲和非洲的三条航线,先后到达过二十一个国家、地区的三十多个港口。这些轮船冲破了南海、印度洋、大西洋和地中海的大风巨浪,为发展我国同这些国家、地区人民之间的友谊和贸易,做出了贡献。"①

四、水路旅客运输在曲折中发展(1966—1976年)

此时,水路客运遭遇挫折,但同时也取得一些成就,如内河航道建设得到发展。其中,川江航道的航标灯电气化,有利于水路客运的安全,促进了长江航运业的发展。"千里川江航运线上的广大航道工人,发扬自力更生、艰苦奋斗的革命精神,在重庆到宜昌的航道上实现航标灯电气化,为发展长江航运事业作出了新的贡献。"②为了适应长江航运业发展的需要,客轮的制造水平不断提高,促进了水路客运的发展。"长江航运公司青山船厂最近胜利建成长江第一艘大型双体客货轮,为发展我国水运事业作出了贡献。这艘大型双体客货轮,是由长江航运公司、长江航运设计院、上海船舶科学

---

① 沿海运输网逐步形成 远洋航运线通往欧非 我国海运事业一日千里[N].光明日报,1963－11－30.

② 为发展长江航运事业作出新贡献 川江重庆至宜昌段实现航标灯电气化[N].光明日报,1972－09－24.

研究所共同研究设计的,全部使用我国自己生产的钢材,船上的机器设备也都是我国自己制造的,并且采用了一些先进技术。试航的情况说明,这种双体船稳性好,航速快,尾浪小,操纵灵便,完全适应长江航行的要求。"①总之此时,全国水路客运职工克服了种种困难和险阻,使水路旅客运输在曲折中发展。

第五节 乘坐飞机

改革开放前,随着国民经济的发展、航空网路的扩展和运力的增加,航空旅客运输从小到大逐渐发展起来,成为国家交通运输事业中不可缺少的一支重要力量。但是,此时民航客运事业发展缓慢,加上国家对乘坐飞机的旅客限制较多,中国民航的客运在国内各种旅客运输业中所占比例还很小。因而,乘坐飞机只是少数人的出行方式,老百姓坐飞机还是很奢侈的。

一、航空旅客运输起步(1949—1952年)

1920年5月8日,京沪线的北京—天津段正式开航,运载旅客和邮件。经过近30年的发展,到1949年10月,以"中航"和"央航"为代表的中国民航业有从业人员6000多人,国内外航线52条,航线总长8万多公里。

1949年11月2日,中国民用航空局成立,揭开了我国民航事业发展的新篇章。1949年民航局成立后,建制归军委,当时主要任务是筹备开航工作等。根据当时的条件,只能实行小飞,而且也多为试航的性质。经过认真的筹备,1950年8月1日新中国民用航空正式开航。"中央人民政府民航局决定民用航空自八月一日起正式开航。经政务院批准的通航计划规定,首先开辟天津—汉口—广州和天津—汉口—重庆两条直达线以及重庆—成

---

① 自力更生、艰苦奋斗方针的丰硕成果[N].人民日报,1970 – 05 – 18.

都,重庆—昆明,重庆—贵阳,重庆—汉口四条支线的班机飞行。在目前,主要是满足客运和邮运的需要,但可适当载运货物。"①开航三个月补贴了47亿多元,虽然费用高昂,但新中国开始有了自己的民用航空。1952年中国人民航空公司增辟上海—汉口—重庆间航线。"中国人民航空公司将自八月二十一日起增辟上海—汉口—重庆间的新航线,每星期二、五自上海开汉口、重庆,每星期日、星期四自重庆开汉口、上海,都在当日到达。这条新航线的往返航班都和重庆—昆明间的航班相互衔接。客运价(每人):上海—汉口间八十万元,上海—重庆间二百七十五万元。"②在国民经济恢复时期,国家经济力量薄弱,国家对军政人员乘坐飞机限制很严,加上航空客票价高,因此旅客很少,航空客运量增长缓慢。1950年仅1万人次,到了1952年才增到2.2万多人次。

二、航空旅客运输较快发展(1953—1957年)

"一五"计划期间,大规模经济建设开始,国际交往增多,航空运输需求量增加。为了适应航空运输的需求,1954年,中国政府从苏联购进的伊尔－14型飞机加入空运飞行,到1957年底,中国民航已拥有各类飞机118架,绝大部分为苏联飞机。"一五"计划期间,中国民航国内客运的重点是加强西南、西北地区与首都北京和华北、华东地区间的交通联系;国际客运主要通过北京—伊尔库茨克和昆明—仰光两条航线同外国沟通。"一五"计划期间,客运飞机的增加,新航线的开辟和国际客运的发展,使航空旅客运输发展较快。五年预计共载运旅客281500人,其中各国专家、友好使节,我国各军政机关、企业的领导人员以及工程技术人员占绝大部分,航空节省了途中时间,对完成国家各项建设、生产任务起着积极作用。客运流向较集中于

---

① 国内民用航空定"八一"开航[N].人民日报,1950－07－26.
② 中国人民航空公司增辟上海汉口重庆间航线[N].光明日报,1952－08－19.

北京—伊尔库茨克、北京—重庆—昆明两线,占旅客人数的 30% 左右,说明国际间往来与西南地区的联系是相当频繁的。[①] 与 1952 年相比,1956 年航空旅客运输情况发生了较大变化。到 1956 年,客运量上升到 8.5 万多人次,较 1952 年增长了近 3 倍。航空旅客的构成中,军政人员约占 80%,私营工商业者约占 15%。1956 年后,外国旅客数量开始有所增加。

三、航空旅客运输继续发展(1958—1962 年)

为了促进航空旅客运输的发展,中国民航局于 1958 年大幅度降低了国内航线客票价,加上各地区、各城市之间旅客流通量增加,航空客运量从 1958 年起连续三年有较大增长,到 1960 年达到 20.7 万人次。随着国民经济调整的进展,社会上对航空旅客运输的需求又有所增加。为了缩短航空客运的飞行时间,中国民航局于 1964 年开辟了北京至上海、广州、昆明等地的直达航班。"开辟这三条直达航线,大大缩短通航城市之间人们的旅行时间和运输货物的时间。这些城市之间原来也有班机,但中间停留的航站较多,飞行的时间较长。原来由北京乘飞机到上海,中途要在济南、合肥或南京着陆停留,全程约需六小时。现在直达航线开辟后,只需飞行两小时二十五分。北京到广州、北京到昆明两条直达航线的飞行时间,都比过去缩短百分之四十以上。"[②]到 1965 年,国内航线增加到 46 条,国内航线布局重点,也从东南沿海及腹地转向西南和西北的边远地区。为了满足航空旅客运输发展的需要,中国政府购买了一些飞机。1959 年,中国民航局购买了伊尔-18 型飞机,这标志着我国开始从使用活塞式螺旋桨飞机过渡到使用涡轮螺旋桨飞机。1963 年,中国民航局又购买了英国的子爵号飞机,从而结束

---

① 中国民用航空局.第一个五年计划的基本业务及基本建设的初步总结[C]//中国社会科学院,中央档案馆.1953—1957 中华人民共和国经济档案资料选编:交通通讯卷.北京:中国物价出版社,1998:732.

② 三条直达航线试航成功[N].人民日报,1964 – 03 – 19.

了我国长期以来只使用苏制飞机的状况。1965 年末,中国民航局拥有各类飞机 355 架。航线的增多,飞机的增加,使客运量又迅速增长。1965 年达到 27 万人次,较 1957 年增加了 3 倍。[①]

四、航空旅客运输曲折发展(1966—1976 年)

此时,顺应航空旅客运输的需要,中国民航及时调整方针。中国政府批准中国民航再次全面降低客票价,下降幅度为 30%,并适当放宽乘机条件。1971 年,中国民航局从苏联购买了 5 架伊尔 -62 型飞机,1973 年又从美国购买了 10 架波音 -707 型飞机,此外,还从英国购买了三叉载客机,从苏联购买了安 -24 型客机。同时,为适应国际交往日益频繁的需要,中国民航将工作重点放在开辟远程国际航线上。中国民航于 1974 年先后开辟了中日、中法航线,到 1976 年底,中国民航的国际航线已发展到 8 条,通航里程达到 41000 公里,占通航里程总数的 41%;国内航线增加到 123 条。这一切促进了航空旅客运输的发展。1974 年和 1975 年客运量和周转量,均比上一年增长 50% 以上。1976 年国际航线的客运周转量为 3 亿人公里,较 1970 年增长 33 倍,而同一时期,国内航线的客运周转量仅增长 6.4 倍。同时,国际航线客运周转量在旅客总周转量中所占的比重,也由 1970 年的 5% 上升到 1976 年的 19%。这说明国际航空旅客运输业务的发展已加快了步伐。

第六节 步行和骑自行车

新中国成立初期,全国的道路设施很不健全,坑洼不平的土路仍在各交通要道中占很大比例。除了道路的不便外,交通工具的落后也是民众出行

---

① 《当代中国的民航事业》编辑委员会.当代中国的民航事业[M].北京,香港:当代中国出版社,香港祖国出版社,2009:84.

不便的重要原因。20 世纪 50 年代，"交通基本靠走"是中国大部分地区民众出行的真实写照。进入 20 世纪六七十年代，中国居民几乎没有汽车，短距离出行主要依赖自行车，自行车渐渐成为中国人的首选出行工具。庞大的自行车保有量，使中国曾一度被称为"自行车王国"，这种情况，一直持续到 20 世纪 80 年代。

一、步行

步行是人类基本的活动方式之一。人类在陆地上最早使用的交通工具是双脚，因为向往远方，所以驯服了马、牛等动物作为坐骑。在古代，上至达官贵人，下至平民百姓，出行的交通工具除了双脚，大多为马车和牛车。当今，步行被公认为世界上最好的运动方式，人们认为，步行运动是最常见、最简便易行的一种健身方法，它适宜于男女老少，备受推崇。然而，新中国成立初期，"晴天一脚土，雨天一脚泥""出行基本靠走"，作为普通民众出行主要方式的步行是一件令人觉得辛苦的事。民众步行作为出行的主要方式持续了二十多年。

新中国成立初期，道路交通落后、交通工具匮乏造成的"行无路，坐无车"的状况，严重制约着民众出行的频率和方式。在城市，交通资源极为有限，人们出行除了用脚，可以代步的交通工具只有公交车和自行车。但是，公共电汽车发展滞后，票贵且不方便。以沈阳为例，沈阳市历次调整电车票价的时候，没有考虑减轻职工的负担，因此调整一次就上涨一次。有的生活本来就困难的工人，取消月票后，坐不起电车，只好步行上下班。而且电车收得太早，上晚班的工人就只能步行。有的厂晚上十一点下班，厂里没有休息的地方，回去又坐不到电车，走回去到家就是第二天早晨两点多了。这就影响了工人的休息。[1] 这样，自行车就成为机动车之外的主要城市交通工

---

[1] 金雨困. 沈阳市公用事业应该给职工方便[N]. 人民日报, 1956 – 06 – 18.

具。当时,工业发展落后,1949 年的工业产品中,自行车仅有 14000 辆,加上城市居民收入低,城市自行车只是少数有钱人的专利,很多人基本享受不到,为了出行,人们还经常徒步上路。20 世纪 50 年代的农村,不但绝大多数人没有乘过公共汽车,就是自行车,也只有极少数的职工家庭才有。人们的出行主要靠步行、畜力车、牲畜等,用独轮车(木轮)、大车、地排车(死胎)运输。闲暇时走亲访友,当时交通工具基本上没有,人们就只有靠两条腿用步子量着走了。

经过十多年的交通建设,我国的交通状况得到长足的发展。在城市,"到 1959 年底,城市道路长度 20518 公里,相当于 1949 年的 203%;公共汽车 6766 辆,为 1949 年的 535%;有轨电车 1081 辆,为 1949 年的 126%,无轨电车 973 辆,为 1949 年的 586%"①。这一时期,大城市居民更多乘坐公共电(汽)车出行。自行车作为重要的代步工具得到发展,但还不普及。20 世纪 60 年代,"永久""凤凰""飞鸽"等品牌的自行车已经出现,但是一方面自行车产量有限,另一方面自行车实行凭票供应,人们想买一些短缺商品,不管是衣食住行哪一方面的东西,都不仅需要攒钱,而且还需要凑够这些必需的票证。自行车、缝纫机、手表、台钟等商品就更紧张,一般人是拿不到这种票证的。因而,步行依然是民众出行的重要方式,特别是在广大农村。北方以山东省青岛市下葛场村为例,"20 世纪 60 年代前下葛场村很少有代步工具。不管多远的路都靠两条腿走。……20 世纪 60 年代,村民中有了少量的自行车,主要在外的工人和做小生意,如收送羊奶的人"②。经济发展较好的江南农村也是这样,以江苏省镇江市上党镇为例。"70 年代前,上党农民出行全靠两条腿,甚至到镇江、丹阳也是如此,遇上雨雪天,道路泥泞,只好半夜三更起床,脚穿草鞋,身披蓑衣。好天尚有极个别农民能勉强骑上旧

①　国家统计局.我国国民经济问题研究资料[C]//中国社会科学院,中央档案馆.1958—1965 中华人民共和国经济档案资料选编:固定资产投资与建筑业卷.北京:中国财政经济出版社,2011:820.

②　《下葛场村志》编纂委员会,编印.下葛场村志[M].2009:146.

自行车出行。"①

二、骑自行车

自行车,又称脚踏车或单车,通常是二轮的小型陆上车辆。人骑上车后,以脚踩踏板为动力,不消耗任何能源,不对环境构成任何损害,而且成本低廉,对道路没有特殊要求,更能促进身体机能协调灵活,养生健体,益寿延年,是绿色环保的交通工具。新中国成立前自行车在中国已有80多年的发展历史,新中国成立后,随着自行车制造业的发展,骑自行车出行逐渐普及,中国成为外国人眼中的"自行车王国"。

晚清时期自行车在中国兴起,由娱乐性代步工具发展为出行的代步工具。清同治七年(1868年)十一月,上海首次由欧洲运来几辆自行车,是人坐在车上,两脚踏地引车而走的业余消遣的娱乐性代步工具。同治十三年(1874年),法国人米拉从日本运来人力车输送到上海,这种车被称为"东洋车",因其色黄又叫"黄包车",成为代步工具。随后上海兴起了人力车的修、租、贩制业。光绪十年(1884年),中国出版的《申江胜景图》首次记载了中国开始出现骑自行车的情景:人如踏动天平,亦系前后轮,转动如飞,人可省力走路。不独一人见之,相见者多矣。当时自行车数量极少,寥寥可数,骑行者也都是金发碧眼的洋人。按自行车发展史来看,当时自行车在欧洲也是首创,仅几年后就已经传入中国,可见其引进速度之快。清光绪十一年(1885年)后,英商怡和、德商禅臣、法商礼康等洋行将自行车及零件列为"五金杂货类"输入上海,到19世纪末自行车在上海已有广泛市场。光绪二十三年(1897年),中国开始从英国进口自行车,原来设摊修理马车、人力车的诸同生,于光绪二十三年选址南京路(今南京东路)604号,开办了同昌车行,经营自行车及零配件。光绪二十六年(1900年),上海有惠民、曹顺泰等

---

① 镇江市丹徒区上党镇地方志办公室,编印.上党镇志[M].2009:284.

六七家车行,销售人力车、马车及自行车零配件,以卖带修。

民国时期自行车在中国初步发展,自行车需求激增,中国开始自己制造。中华民国四年(1915年),上海有近20家自行车商店。第一次世界大战结束后,邮电事业发展,自行车成为邮差的交通工具,自行车需求进一步激增,市区又新开一批自行车商店,形成了以老闸区(今黄浦区)为中心的自行车销售网络。1937年日本人在中国上海、天津和沈阳三地先后开设自行车厂,但产量极微。1940年上海自行车厂(上海永久股份有限公司前身)成立,中国有了自己的品牌自行车生产企业,由此开创并演绎了中国自行车行业历史上最辉煌的篇章,引领了几代中国人的自行车消费时尚,堪称中国自行车行业的一面先锋旗帜。

20世纪50年代,少数人骑自行车出行。20世纪50年代,新中国的自行车行业处于起步发展的初级阶段。"一五"计划的执行,推动了自行车制造业的发展。天津自行车厂在6月份试制成功两种国内还没有生产过的新型自行车。一种是可以折叠起来提在手里的十四英寸的旅行式自行车,虽然它的轮子比普通飞鸽牌自行车小一半,但因为它的轮盘较大,飞轮较小,因此骑起来仍然很快。另一种自行车虽然不能折叠,但它的车把、车鞍子可以按照人们的需要进行调节,因此,能适合男女、大人小孩骑用。这两种自行车共制成五辆,每辆净重三十斤左右。工厂征求了对这两种自行车的意见,以便根据市场需要,决定生产数量。① 这一时期,自行车制造业虽然有所发展,但是尚处于研发试制阶段,并没有批量生产,不能满足广大人民对自行车的迫切需要。此后,"永久"牌和"飞鸽"牌自行车的质量和样式都有了很大的改进,都已赶上或超过英国的"凤头"牌自行车。但因刚试行小批生产,市场上还没有大量供应。② 全国各地为了满足人民的需要,积极试制自行车,但收效甚微。以武汉市为例,"50年代,武汉市几次试产自行车及主

---

① 两种新型的自行车[N].人民日报,1957 – 07 – 06.
② 刘继尧.国产自行车[N].人民日报,1958 – 06 – 04.

要部件。1953年,市第二车辆合作社试制自行车车架,从购买钢管到人工焊接共做了500多个车架,因成本比从上海购进高出一倍,试制工作遂告结束。……1959年夏,由首跃、新光、森记3家车辆厂合并成立首跃自行车厂,着手生产自行车。翌年春,以上海永久牌自行车为样品,从下料到焊接,从油漆到电镀,全部采用手工操作,用两年时间制造出钢圈、车架、车把,其他零部件在市场购买,装配了10辆自行车,命名为火箭牌,每辆成本达260元。因质量不过关,成本又高,故改产自行车零件,厂名改为武汉自行车零件制造厂"①。由于城市路况不好,很多地方晚上没有路灯,为了安全起见,自行车没有"车灯"照明,晚上是不让上路的。"车灯"这种在现今自行车上并不常见的零件,却曾是20世纪50年代自行车夜行的"通行证"。自行车制造业滞后、道路落后和人民购买力低下导致20世纪50年代,只有少数人能骑自行车出行。

20世纪60年代,众多人骑自行车出行。经过新中国成立后十多年的发展,自行车制造业有了长足发展,20世纪60年代的自行车制造业在原有的基础上,精益求精进一步发展。"天津自行车厂职工在学、赶、超、创先进指标,力争产量、质量、成本、新技术用于生产和安全卫生等五个方面第一的群众运动中,克服部分干部的自满情绪,大闹技术革新和技术革命,突破了长期以来存在的生产关键问题,使产品质量有了显著提高。"②国民经济调整时期,为了促进农村的发展,满足农民的急切需求,国家积极生产农村需要的自行车。"天津自行车厂根据农村需要生产一种新型自行车。这种自行车的负荷能力为一百五十公斤左右,比过去的飞鸽牌自行车多四十公斤。这种自行车取名为六十三型农用标准式自行车。"③农村需要的自行车的生产,使农民购买自行车的数量大量增加,自行车不再是城里人的专利,这扩

① 武汉地方志编纂委员会.武汉市志:工业志 下卷[M].武汉:武汉大学出版社,1999:969.
② 天津自行车厂批判自满情绪力争保持质量冠军 飞鸽牌自行车精益求精[N].人民日报,1960-07-25.
③ 天津生产农村需要的自行车[N].人民日报,1962-10-22.

大了骑自行车出行的群体。"今年农村中销售自行车很多,各地商业部门卖出的自行车,大部分都销到了农村。例如,河北省农民今年买自行车的数量,占全省自行车销售量的百分之八十六;山西省则占百分之九十。"①国民经济调整时期,国家调整重工业与轻工业的比重,自行车产量增加,质量提高。"(永久)牌自行车的上海自行车厂,今年提前一个月完成了国家规定的自行车生产计划,十一个月生产的自行车比去年全年增加十五万五千多辆。预计到年底,自行车总产量将超过产量最高的 1960 年的水平。天津自行车厂今年已经生产二十八万一千多辆(飞鸽牌)自行车,比去年增加79%。"②面向农村进行自行车生产和销售使自行车产量增加,质量提高,20世纪 60 年代,众多人骑自行车出行。但是,从新中国成立初期到 20 世纪 80年代,一辆自行车的价格一直保持在 150 元左右。这样的价位相当于城市职工三个多月的工资。由于收入低,人们除了购买生活必需品外,要想攒下能够买一辆自行车的钱,需要一两年时间,就算是攒够了钱,也未必能买到。当年的自行车凭票供应,排队等候也要排上几年。

20 世纪 70 年代,民众普遍骑自行车出行。20 世纪 70 年代,为满足人们的需求,国家重视自行车生产,自行车生产规模扩大,量多质好。同时,各省也重视自行车生产,地方自行车生产规模扩大。1975 年,山东省组织"三大件"会战,自行车工业得到了较快发展,"1975 年,山东省组织(三大件)会战,山东省自行车工业得到了较快发展,先后在烟台,鲁南,济南,淄博等地建立了自行车厂和一大批自行车零配件厂,形成了比较完整的工业生产体系"。③

自行车制造业的发展,使代步的自行车被列为"三转一响"之首,慢慢走进了寻常百姓家。当时不仅工人家庭都将自行车作为主要代步工具,而且在农村自行车也逐步普及,就此拉开了中国交通波澜壮阔、日新月异的发展

---

① 供应农村更多的自行车零件[N]. 人民日报,1962 – 12 – 04.
② 上海天津两自行车厂今年产量增加质量提高[N]. 人民日报,1962 – 12 – 23.
③ 山东省日用机械工业公司,编印. 山东省日用机械工业志:1915—1985[M]. 1988:77.

序幕。"到 20 世纪 70 年代后,自行车逐步普及,村民出行有了代步工具,去趟李村来回两个小时,比步行效率提高了 3 倍。至 1980 年户均 1.5 辆自行车。"①20 世纪 70 年代人们最普遍的交通工具是自行车,当时中国可以说是自行车的海洋,中国也因此被冠上"自行车王国"的称号。骑在一辆自行车上喜悦地出行,成为集体时代最美好、最具有代表性的记忆图景之一。

---

① 《下葛场村志》编纂委员会,编印.下葛场村志[M].2012:146.

第三章

改革开放以来的交通基础设施建设

1978 年 12 月召开的党的十一届三中全会,吹响了改革开放的号角,开启了改革开放的历史征程。要想富,先修路。改革开放 40 多年来特别是党的十八大以来,交通运输业砥砺奋进、探索前行,走出了一条具有中国特色的交通运输发展道路,建成了名副其实的交通大国,有力支撑了经济社会发展。40 多年来,中国交通运输业发展取得了举世瞩目的成就,交通运输业对经济社会发展实现了从"瓶颈制约"到"基本适应"的历史性变化,为建设交通强国奠定了坚实基础。交通基础设施建设取得巨大成就。2019 年全年,"铁路货物发送量完成 43.9 亿吨,增长 9%;公路、水路营业性货运量分别完成 416.5 亿吨、74.5 亿吨,增长 5.3%、6%;民航货邮运输量完成 748万吨,增长 1.2%;快递业务量完成 630 亿件,增长 25%。铁路旅客发送量完成 36.8 亿人次,增长 9%;公路、水路营业性客运量分别完成 130.2 亿人次、2.7 亿人次,下降 4.8%、2.3%;民航旅客运输量完成 6.67 亿人次,增长 9%。道路客运联网售票服务水平进一步提升,20 余个省份试点开展了道路客运定制服务,275 个地级以上城市实现交通一卡通互联互通,建成 100个'司机之家',31 个省份实现汽车维修电子健康档案系统全覆盖和互联互通,琼州海峡客滚运输实现班轮化运营和统一联网售票,交通惠民便民力度持续加大"①。综合交通枢纽加快建设,综合交通运输网络基本形成。民众从新中国成立前"出门走土路,双腿赛车轮"的落后出行方式,一跃变成汽车、火车、飞机遥相呼应的现代化立体交通。一条条城市轨道线、一座座高耸的立交桥就像一部命运交响曲,弹奏出现代化中国的华美乐章。

第一节　城市道路建设

改革开放以来,国民经济快速发展,城市化速度加快,人口集中,各种交

---

① 努力建设人民满意交通为社会主义现代化强国建设当好先行官[EB/OL].[2019 - 12 - 30].http://www.mot.gov.cn/zhuanti/2020jiaotongyunshugongzuo _ HY/2020meitibaodao/201912/t20191230_3417074.html.

通工具大量增加。这一切使城市交通日益拥挤,道路堵塞,交通事故频发。为解决日益严重的城市交通问题,全国各地加大资金投入。一方面改建地面现有道路系统,增辟城市高速干道、干路、环路以疏导、分散过境交通及市内交通,减轻城市中心区交通压力,以改善地面交通状况;另一方面发展地上高架道路与路堑式地下道路,供高速车辆行驶,减少地面交通的互相干扰。在城市地面交通不能解决交通拥堵时,地铁作为缓解城市交通压力的有效手段,得到快速发展。

一、20 世纪 80 年代中期到 20 世纪末的城市道路

1984 年以后,城市经济体制改革全面展开,城市化速度加快,以北京为首的一批特大城市进入机动化萌芽期,城市交通拥堵加剧。到 20 世纪 90 年代中期,机动化加速,北京、上海、广州等一批特大城市开始机动化的快速发展期,南京、深圳、沈阳等中心城市步入机动化成长期。机动车快速增加,这造成了城市道路的增长速度远低于机动车增长速度。"我国城市道路在数量上看,仍是一个'少'字。到 1995 年底,全国城市人均拥有道路面积为 7.3 平方米。应该说,城市道路的增长率不慢,从 1980 年到 1993 年,城市路总长度的年均增长率为 10.2%,道路面积增长率为 11.8%。但与此同时,近几年机动车数量却以年均 15% 的速度在增长,个别城市高达 30%。"①同时,伴随城市社会经济的快速发展,交通需求总量激增,需求构成更为复杂。在这样的背景下,全国引发了新一轮的交通拥堵,交通供需矛盾日趋尖锐。

为了改善交通状况,方便居民出行,必须进一步加强城市道路的顶层设计。因此,许多大城市开始建设环路、快速路和主干路,但由于交通需求增

---

① 朱剑红.道路老化,占路经营,频繁开挖……给紧张的城市交通雪上加霜,人们呼吁城市道路:不能重建轻管[N].人民日报,1996-08-10.

长迅猛,这些城市道路仅仅局部、短时间改善了城市交通。这一时期城市道路建设继续贯彻畅通理念,提高城市地面通行能力,增设快速路和环路,加强主干路建设以完善路网。

二、21世纪以来的城市道路

进入21世纪,随着改革开放的深入,社会经济飞速发展。城市化、机动化步入高速发展期,城市人口规模激增,出行总量攀升。伴随人们生活水平的提高,人们的出行结构也发生重大变化,小汽车出行比例增长迅猛,出行早晚高峰持续时间增加。城市道路发展与交通需求进一步脱节,城市拥堵更加严重。新世纪如何使出行快速、安全、舒适?规划专家们预测,"21世纪的城市交通将会改变目前这种人与交通工具同挤在一个平面的状况,交通将从地面向空中和地下发展,形成一个上有高架车道,下有地铁,地面又有层层分流的人行道、自行车道、公共汽车道等与上下连接的多层、辐射型的交通网络"[①]。当人们逐渐认识到交通供给永远无法满足交通需求,交通需求总是倾向于大于交通供给的事实后,国内各大城市开始重新认识城市交通发展政策。以北京为例,"在提高交通运输效率方面,不能仅着眼于车流,更要推进集约化运输和加强管理。北京一方面大力发展公共交通,另一方面建设智能交通系统,以推进'新北京交通体系'的建设"[②]。北京、上海、广州、天津等大城市纷纷确立优先发展城市公共交通的战略。

在公交优先发展的政策指引下,各大城市先后制定了大规模的轨道交通建设规划,"以轨道交通为骨干,常规公交为主,其他公共交通方式为补充"的公共交通发展目标日渐明晰。这一时期的城市道路建设,开辟城市空间通行能力,大力修建高架道路与路堑式地下道路及地铁,最终形成城市道

---

① 顾玉清.二十一世纪的城市交通[N].人民日报,1991-03-29.
② 刘小明.治理北京交通拥堵要有新思路[N].人民日报,2005-08-21.

路的立体交通网。截至 2019 年末,全国拥有公共汽电车运营线路 65730 条,比上年增加 5140 条,运营线路总长度 133.6 万公里,增加 13.7 万公里。其中,拥有公交专用车道 14951.7 公里,增加 2101.5 公里;BRT 线路长度 6149.8 公里。拥有轨道交通运营线路 190 条,增加 19 条,拥有轨道交通运营里程 6172.2 公里,增加 877.1 公里;其中,拥有地铁线路 159 条、5480.6 公里,拥有轻轨线路 6 条、217.6 公里。拥有城市客运轮渡运营航线 88 条,减少 3 条,拥有运营航线总长度 397.9 公里,增加 21.3 公里。①

第二节　地铁的修建

　　地铁指在地下运行为主的城市轨道交通系统。它与现代大城市相伴而生,并随着大城市的发展而发展。随着工业化和城市化的加速发展,数以百万计的人口拥入大城市,这给城市管理和城市交通带来巨大的压力。随着城市规模的日益扩大,现代大中城市普遍存在交通拥堵、环境恶化等社会问题。"大城市里,上下班时间,街道上熙熙攘攘,车来人往,随时可能发生交通滞阻;公共汽车和无轨电车上拥挤不堪,运行经常受堵,慢得像爬行一般;各种机动车喇叭齐鸣,此起彼伏,发出刺耳的噪声……难怪有人说,现代大城市里出现了一种新的危机——交通运输危机。"②为缓解交通拥堵,许多大城市每年投入了巨额的资金修建城市道路。

　　地铁作为现代化都市交通方式具有四大优点:一是运量大,每小时运量大于 4 万人次,轻轨运量略低于地铁。二是速度快、时间准,旅行速度每小时 35～40 公里,行车速度每小时 80 公里,为公共汽车的 2～3 倍。三是干扰小,安全可靠,在地下运行,不受气候、地面行人和车辆的干扰。四是耗能低,污染轻,无废气、噪声污染,乘坐舒适。它满足了现代都市居民对生存环

---

① 2019 年交通运输行业发展统计公报[EB/OL].[2020 - 05 - 12].http://xxgk.mot.gov.cn/2020/jigou/zhghs/202006/t20200630_3321335.html.
② 朱志尧,郑海宁.地铁在前进[N].光明日报,1980 - 08 - 08.

境质量和时间、速度的要求。① 地铁不仅从根本上解决了城市地面交通拥挤状况,而且极大促进了城市经济发展。只有以大运量的公共交通尤其是地铁作为城市交通的骨干,才能有效缓解交通拥堵,提高城市交通的效率。地铁网线的规划和建设在很大程度上对城市的规划起着优化和调整的作用。"立体城市"的建立,一方面改善了城市交通,扩展了城市空间;另一方面引起了整个城市格局的变化,产生了城市资源的重新布局,这对整个城市发展的影响都是巨大和深远的。因而,修建地铁是解决现代城市交通运输危机的一种抉择,是大城市发展的必然结果。新中国成立以来,地铁的修建经历三个阶段。

一、起步阶段(1965—1997 年)

新中国成立初期我国修建地铁的指导思想是"以战备为主兼顾城市交通"。1965 年 7 月,北京地铁 1 号线一期工程开工,这标志着我国地铁交通发展的起步,1969 年 10 月,北京地铁 1 号线一期建成完工,成为我国第一条投入运营的地铁线路。

改革开放后,修建地铁转为以交通运营为中心,进入 20 世纪 80 年代以来,城市经济的发展,城市人口流量的迅猛增加,加剧了地方城市交通拥堵,给发展轨道交通带来新的机遇。但是,此时我国城市化率处于较低水平,国家经济实力有限,地铁建设基本限于核心城市北京、上海和天津,截至 1997 年 7 月,全国共建成地铁运营线路 4 条。

二、发展阶段(1997—2004 年)

这一时期,城市化进程加快,主要城市规模增长,经济实力增强;城市地

---

① 雷风行.中国地铁建设的概况及发展思路[J].世界隧道,1996(01):1~6.

面交通问题逐步显现,环境污染日益严重。地铁作为缓解城市交通压力、降低运输能耗、减少环境污染的通行手段,已具备内在需求和外部经济实力保障,发展步伐开始加快。以北京、上海、广州为例,"当今世界正进入立体交通的时代,地下铁道和空中高架路成为解决大都市交通问题的有效途径。……1999 年北京地铁运营总里程达到 55.1 公里,每天平均运送旅客 195 万人次,占全市公交总量的 21% 左右。上海市 16.35 公里的地铁二号线工程也于近日建成通车,大大改善了浦江两岸的交通状况。广州市 18.48 公里的地铁一号线开通后,平均日客流量 16 万人次,最高时达到 25 万人次"①。乘坐安全、快捷、舒适的地铁,已成为北京、上海、广州三大城市市民出行、工作、生活的重要组成部分。

同时,地铁发展也有力地促进了城市的发展。"未来 10 年内,北京轨道交通将以每年 40 公里的速度增长,到 2008 年轨道交通里程将达到 300 公里。高速发展的北京轨道交通,带动的不仅仅是北京综合枢纽网的健全完善,随之而来的,还有地铁沿线地区经济的启动,市区与京郊联系的加强,城市间更为亲密的经济接触……"②城市与地铁关系日益紧密,相得益彰,这进一步促进了地铁的发展。截至 2004 年底,我国拥有地铁的城市增加到 7 个,北京、上海在这一时期继续进行新线建设和老线延伸工作。

三、提速阶段(2005 年至今)

这一阶段,我国城市化率显著提高,国家经济实力进一步提升,地铁成为经济发展较快的大城市公共交通建设的重要内容,地铁运营网络初具规模。此时的地铁又快又稳,更加人性化。以广州地铁为例,"12 月 26 日,设计最高时速 135 公里、运营最高时速 120 公里的国内最快的地铁——广州

---

① 陶源明,孟仁泉,成海忠. 地铁,新世纪城市交通大动脉[N]. 人民日报,1999 – 10 – 30.
② 冯蕾. 轨道交通拉动北京"城市扩张"[N]. 光明日报,2002 – 08 – 19.

地铁三号线首通段,以及广州地铁二号线延长段、大学城专线(试验性工段)开门迎客。至此,广州已拥有 4 条总长为 59 公里的地铁线路,初现地下交通'环状格局'。又快又稳,新地铁更加人性化"①。地铁因舒适、快捷和便利等特点,此时得到较大发展,截至 2017 年末,我国 34 个城市开通了 165 条城市轨道交通线路,运营里程达到 5033 公里,其中,地铁线路里程 3884 公里。上海轨道交通运营里程 732 公里,世界排名第一;北京轨道交通运营里程 685 公里,世界排名第二;广州和南京分别排第五位和第六位。目前,我国城市轨道交通运营里程和在建里程均居世界第一。② 到 2019 年末,全国城市轨道交通完成客运量 238.78 亿人,增长 12.2%,完成运营里程 41.43 亿车公里,增长 17.5%。③

第三节　城际铁路的建设

城际铁路(Intercity Railway)是指连接相邻城市的客运铁路系统,属于支线铁路的一种类型。城际铁路一般在城市群或城市地带中建设,路线总里程比较短,只提供旅客运输服务,以运营多班次城际列车为主。城际铁路设计的速度和车站数量大小不一,主要视不同地区的情况而定。一般而言,城际铁路旅客列车设计速度为 200 公里每小时及以下。但一些城市建设了更高速的区际型城际铁路,不限速 200 公里每小时,城际列车可按 350 公里每小时的速度快速运行。城际铁路作为城市轨道的一种类型,具有运量大、速度快、安全、准点、保护环境、节约能源和用地少等特点,给市民提供了另一种更方便、更快捷的出行"时空隧道",这不但极大地缓解了城市交通压力,

---

① 旭阳,李刚,鞠青.运营最高时速达一百二十公里　广州:开通国内最快地铁[N].人民日报,2005-12-27.

② 胡希捷,赵旭峰.浅谈改革开放 40 年中国交通发展:上篇[N].中国交通报,2018-07-04.

③ 2019 年交通运输行业发展统计公报[EB/OL].[2020-05-12].http://xxgk.mot.gov.cn/2020/jigou/zhghs/202006/t20200630_3321335.html.

而且给人们带来了一种穿越时空的全新感觉。城际铁路不仅使城市之间的距离缩短,时间压缩,而且能体现一个发达城市整体的空间建构水平,对城市产业的发展、城市形象的总体提升也必将起到极大的推进作用。城际铁路是城市化的产物,随城市化进程的加快而快速发展。

一、城际铁路发展的原因

随着改革开放的不断深入,在城市化快速发展的驱动下,进入 21 世纪,我国区域经济发展的重要特点是城市群的出现。除已形成城市群发展格局的京津冀、长江三角洲、珠江三角洲等区域外,山东半岛、中原经济区、成渝经济区等城市群逐渐走向成熟。城市群一体化成为城市群发展的趋势,建立城市群一体化交通系统是城市群一体化的核心。城际铁路运量大、速度快、能耗小、污染小和占地少的特点,以及正点、安全、舒适的优点符合建立一体化交通系统的战略思想,因而,城际铁路得到了快速发展并逐渐成为城市群一体化进程的支撑。城际铁路让时空距离大大缩小,它的"同城效应"为区域合作注入了活力。

二、城际铁路的发展过程

城际铁路作为城际交通的新生事物,有一个成长的过程。

首先是城际铁路的起步。进入 21 世纪,随着全球化、工业化的发展,我国的城市化步入加速发展时期。为了加强大城市之间的交通联系,早在 2002 年我国就提出了建设城际铁路的构想。"铁路部门将在大城市间和主要通道建设客运专线及高速铁路,形成以高速铁路为龙头,以北京、上海、广州为中心的客运专线网。将以大城市铁路客运站为中心,构建起连结干线铁路、市郊铁路、城市轻轨及地铁,并与其他运输方式紧密衔接的大型立体客运交通枢纽,使干线铁路和城市铁路互为客源。"①2007 年,党的十七大报告首次提出要按照"以大带小"的原则,"以特大城市为依托,形成辐射作用大的城市群,培育新的增长极"。这促进了我国以特大城市为中心的城市群的发展,强化城市群之间的交通联系,加快城市群交通一体化规划建设被提上日程,城际铁路迎来了发展的春天。2008 年 8 月我国第一条城际客运专线京津城际铁路正式通车。京津城际轨道交通工程是我国铁路跨越式发展的标志性和示范性工程。"作为我国首条时速 350 公里的高速铁路,京津城际铁路将改变千千万万中国人的生活,而这改变的背后是千千万万中国人的智慧与心血,这条中国人自己设计自己建造的高速铁路让中国铁路的形象焕然一新。"②

其次是城际铁路的发展。2008 年,我国先后通过了《国务院关于进一步推进长江三角洲地区改革开放和经济社会发展的指导意见》《珠江三角洲地区改革发展规划纲要》等文件。这进一步促进了城市群大发展,客观上推动了城际铁路的发展。沪宁城际铁路于 2010 年 7 月 1 日开通,长三角一体化开启新引擎。"沪宁城际高铁与年内将建成的沪杭高铁等,将大大提高区域城市体系的网络化程度和现代化水平,并有利于加快长三角区域合作、联动和一体化进程,为长三角发展提供更大的平台。"③昌九城际高铁于 2010年 9 月 20 日正式开通运营。昌九城际高铁自通车以来,因其快捷、舒适,已经成为南昌和九江两地民众往来的主要交通工具。京沪城际高铁 2011 年 6月 30 日正式开通运营。京沪城际高铁建成通车后,对加快"环渤海"和"长三角"两大经济圈及沿线人流、物流、信息流、资金流沟通交流,促进经济社会又好又快发展,产生了重大积极影响。

再次是城际铁路的快速发展。2013 年的中央城镇化工作会议提出了

---

① 陆彩荣,邵文杰. 我将在大城市间建设高速铁路[N]. 光明日报,2002 – 12 – 29.

② 陆娅楠. 京津城际铁路——中国高铁中国造[N]. 人民日报,2008 – 09 – 03.

③ 陆娅楠,沈文敏. 7 月 1 日,沪宁城际高铁正式运营 长三角一体化开启新引擎[N]. 人民日报,2010 – 07 – 02.

"'两横三纵'的城市化战略格局,要一张蓝图干到底。我国已经形成京津冀、长三角、珠三角三大城市群,同时要在中西部和东北有条件的地区,依靠市场力量和国家规划引导,逐步发展形成若干城市群,成为带动中西部和东北地区发展的重要增长极,推动国土空间均衡开发"①。这极大地促进了城市群的发展,城市群发展带动城际铁路进入发展的快车道。截至 2019 年底,中国已建有京津城际铁路、沪宁城际铁路、宁杭城际铁路、湛茂阳城际铁路、津保城际铁路、柳南城际铁路、长吉城际铁路、武汉城市圈城际铁路、昌九城际铁路、京唐城际铁路、沈抚城际铁路、青荣城际铁路、郑开城际铁路、郑焦城际铁路、贵开城际铁路、石衡沧港城际铁路、渝万城际铁路、兰州中川城际铁路、广深城际铁路、广珠城际铁路、广佛肇城际铁路、莞惠城际铁路、长株潭城际铁路、西安北至机场城际铁路、宁波至绍兴城际铁路、宁波至奉化城际铁路。城际铁路对缓解大城市住房矛盾,解决城市就业问题,引入更多资源,加快联系周边城市建设等都有很大作用。

第四节　改革开放后干线公路与全国公路网

改革开放后,中国政府非常重视交通运输业在国民经济发展中的战略地位,加大了交通基础设施投资的力度,加快了交通运输发展的步伐。改革开放 40 多年来,综合运输体系的建设有了实质性的进展,交通运输对国民经济发展的制约作用得到了明显缓解。1978 年中国公路通车总里程 89 万公里,公路密度 9.27 公里/百平方公里。改革开放以来,特别是党的十八大以来,中国公路建设更是取得了辉煌成绩。公路总里程增加了 53 万公里,高速公路增加了 4 万公里,高速公路覆盖 97% 的 20 万人口城市及地级行政中心,二级以上公路通达 96.7% 的县,全国通公路乡(镇)达 99.99%,通公路建制村达 99.98%。截至 2017 年底,全国公路总里程 477.35 万公里,高

---

① 王晖.中央城镇化工作会议在北京举行[N].人民日报,2013 - 12 - 15.

速公路以 13.65 万公里的通车里程稳居世界之首,全国公路网密度达 49.72 公里/百平方公里。30 年间,我国高速公路发展举世瞩目,创造了世界高速公路史上的奇迹。① 到 2019 年底,全国公路总里程 501.25 万公里,比上年增加 16.60 万公里。其中,国道里程 36.61 万公里,省道里程 37.48 万公里。农村公路里程 420.05 万公里,其中县道里程 58.03 万公里,乡道里程 119.82 万公里,村道里程 242.20 万公里。公路密度 52.21 公里/百平方公里,增加 1.73 公里/百平方公里。公路养护里程 495.31 万公里,占公路总里程 98.8%。②

一、改革开放后的干线公路建设

改革开放后,伴随着国民经济的快速发展和对外开放的不断扩大,干线公路建设步入了快速发展的轨道。鉴于一些运输繁忙的重要干线,交通量已超过设计能力数倍,通行不畅,很不适应国民经济、人民生活以及国防战备的需要,国务院和交通部采取了一系列措施,加强以国家干线公路为骨架的公路网建设。"一九八一年,国务院授权国家计委、国家经委和交通部联合颁发《国家干线公路网(试行方案)》。一九八二年,国务院又发出了《关于限期接通国家干线断头公路的通知》。同年,交通部制定了'全面规划,加强养护,积极改善,重点发展,保证畅通'和'普及与提高相结合,以提高为主'的公路建设方针,要求各省、自治区、直辖市加强国家干线公路网建设。"③所有这些,从功能和布局上确定了全国公路网的基本构架,为集中推进国家干线公路建设奠定了基础。同时,国道网的规划也提上了日程。"我

---

① 胡希捷,赵旭峰.浅谈改革开放 40 年中国交通发展:上篇[N].中国交通报,2018 - 07 - 04.

② 2019 年交通运输行业发展统计公报[EB/OL].[2020 - 05 - 12].http://xxgk.mot.gov.cn/2020/jigou/zhghs/202006/t20200630_3321335.html.

③ 《当代中国的公路交通》编辑委员会.当代中国的公路交通[M].北京,香港:当代中国出版社,香港祖国出版社,2009:30.

国的公路运输应该有一个大的发展,尤其要大力发展公路客运。发展公路运输,基础是公路的技术改造和建设。当前亟待解决的问题,首先是国家要把干线公路网(即国道网)的规划、建设、管理承担起来,搞好十万公里干线的技术改造。"①国道网的划定对指导我国 20 世纪 80—90 年代的公路建设发挥了重要作用。

但我国公路交通运输生产力十分落后,公路交通基础设施总量严重不足。"到 80 年代末,全国公路通车里程 102 万公里,仅有 200 多公里高速公路,大多数交通干线和城市出入口交通严重阻塞,'行路难'成为当时制约经济发展的'瓶颈'和突出矛盾。"②针对这种情况,1989 年,交通部提出了建设公路主骨架的长远规划设想;1992 年,正式提出国道主干线系统布局方案,得到国务院的肯定;1993 年,全面部署实施"五纵七横"国道主干线系统建设。经过十五年的投资建设,"五纵七横"公路国道主干线 2007 年底全线建成通车,它的建成初步构筑了我国区域和省际横连东西、纵贯南北、连接首都的国家公路骨架网络。

进入新世纪,为适应我国未来经济与社会发展,指导新世纪干线公路的建设,交通部组织交通部规划研究院编制完成了《国家重点干线公路规划方案》。国家重点干线公路将与国道主干线一起,共同构成一个总规模约 10 万公里,横贯东西、纵贯南北、覆盖全国、连接周边、密度适当、布局合理的骨架公路网络,形成全国高速公路网。2004 年国务院审议通过的《国家高速公路网规划》总规模 8.5 万公里,大幅拓展了主干线公路网的覆盖范围。干线公路的快速发展,显著改善了我国公路整体技术水平,总体缓解了交通紧张状况,对提高经济运行效率、增强发展活力、提升国民生活质量、保障国家安全做出了突出贡献。

---

① 金履忠,张秉福.必须调整交通运输结构[N].光明日报,1984 – 02 – 17.
② 李盛霖.磅礴纵横筑路歌——部分专家学者笔谈"五纵七横"国道主干线建设 实现公路交通又好又快发展[N].人民日报,2007 – 12 – 24.

二、全国公路网的形成

全国公路网是全国范围内相互联络、交织成网状分布的公路系统。它由高速公路、国省干线公路和农村公路组成，其中高速公路和国省干线公路是全国公路网的主动脉，农村公路则是毛细血管。改革开放后全国公路网的形成经历了一个渐进的过程。

改革开放后，国民经济持续高速发展，公路运输需求强劲增长，公路基础设施建设开始发生了历史性转变。20世纪80年代初期，交通部划定了国家干线公路网，90年代，编制了国道主干线系统规划，在1998年交通工作会议上，制定了我国社会主义初级阶段公路的目标。在交通部的统一部署下，90年代中期各省（市、区）相继完成省域1990—2020年公路网规划。这一切促进了公路运输的快速发展。到1998年底，全国公路里程达127.85万公里，比新中国成立初增加119.55万公里，已建成高速公路8733公里，还有一大批高速公路正在建设。① 至此，经过共和国半个世纪的公路建设，一个干支衔接、布局合理、四通八达的全国公路网已初步形成。

进入新世纪，为适应新时期国民经济快速发展的需要，公路建设进入了快车道。为指导全国高速公路建设，交通部于2002年开始组织编制《国家高速公路网规划》，《国家高速公路网规划》为我国高速公路持续健康有序发展提供了保障。农村公路是公路网的重要组成部分，是保障农村社会经济发展最重要的基础设施之一。农村公路包括县道、乡道和村道三个层次。1978年，中国农村公路里程只有58.6万公里。改革开放后，国家加大对农村公路的支持力度，国家高度重视农村公路建设，先后出台多项相关政策，为乡村公路提供制度性保障。2005年经国务院审议通过《农村公路建设规

---

① 费伟伟.50年固定资产投资近18万亿　建成我国独立的较完整的国民经济体系，建成覆盖全国的交通通信网骨架，尖端科学技术达到新水平[N].人民日报,1999 – 09 – 07.

划》,这促进了农村公路的大发展。国家随后提出了"十一五"期间农村公路发展目标。"十一五"期间,我国公路交通发展的目标是:到 2010 年,农村公路交通条件得到明显改善。所有具备通车条件的乡镇与建制村通公路,县乡公路达到 185 万公里,全国 95% 以上的乡(镇)和 80% 以上的建制村通沥青(水泥)路。① 党的十八大以来,交通运输部门强化顶层设计,打出一系列组合拳。截至 2018 年底,农村公路总里程达到 404 万公里,占公路总里程的 83.4%。② 新世纪以来,我国加强高速公路和农村公路的建设,使全国公路网全面形成。

此外,为贯彻落实国家区域化发展战略,交通部制定了《加快西部地区公路交通发展规划纲要》,这促进了西部公路交通迅速发展。到 2008 年底,"西部地区公路通车里程由 1999 年的 53.3 万公里增加到 142.1 万公里,年均新增公路里程约 9.8 万公里;高速公路里程由 2529 公里增加到 1.6 万多公里;西部地区国道主干线全部建成,规划里程约 1.6 万公里的西部八条省际通道也将于 2010 年全部建成。经过十年发展,西部地区初步形成了横连东西、纵贯南北、通江达海、联结周边的骨架公路通道,干线公路的技术等级和服务水平有效提高,与东中部地区的交通联系明显改善"③。随后国家加大了西部公路建设的投资,十八大以来国家更加重视区域的均衡发展,西部公路建设投资步伐加快。从表 3 - 1 所示的 2019 年 12 月公路水路交通固定资产投资完成情况中可以看出,国家非常重视西部公路的建设。

---

① 陈娟."十一五"期间公路交通发展目标 农村公路交通条件将明显改善[N].人民日报,2004 - 10 - 22.

② 砥砺大道国运兴——新中国成立七十周年公路交通发展成就综述[EB/OL].[2019 - 10 - 08].http://www.mot.gov.cn/jiaotongyaowen/201910/t20191008_3279331.html.

③ 冯蕾.从交通巨变看西部十年——访交通运输部部长李盛霖[N].光明日报,2010 - 01 - 10.

表 3 - 1　2019 年 12 月公路水路交通固定资产投资完成情况 ①

地区	自年初累计		公路建设		内河建设		沿海建设		其他建设	
	实绩	为去年同期%	实绩	为去年同期%	实绩	为去年同期%	实绩	为去年同期%	实绩	为去年同期%
总计	234523346	103.8	218950415	102.6	6136376	97.7	5238070	93.2	4198486	—
东部地区	81371813	105.3	72959487	105.9	2433140	98.8	4981259	90.6	997927	254.1
中部地区	49309196	105.8	45486480	103.5	2616016	104.7	—	—	1206700	—
西部地区	103842337	101.7	100504448	100.0	1087220	82.6	256811	211.2	1993859	—
北京	1466299	63.4	1419337	62.8	—	—	—	—	46962	88.4
天津	1078408	123.8	773671	130.1	—	—	249788	115.7	54949	90.9
河北	8357110	113.4	8050098	116.0	—	—	242642	57.4	64371	—
山西	5449963	117.6	5369390	115.9	573	55.1	—	—	80000	—
内蒙古	4070179	78.8	3866499	75.1	—	—	—	—	203680	—
辽宁	817208	56.1	740553	60.1	—	—	65379	30.9	11276	99.4
吉林	3035588	116.1	3028981	115.9	—	—	—	—	6607	—
黑龙江	2295422	135.2	2130518	126.1	—	—	—	—	164904	—
上海	2023026	96.7	1625768	105.5	266969	109.4	—	—	130289	109.2

① 中华人民共和国交通运输部综合规划司. 2019 年 12 月公路水路交通固定资产投资完成情况 [EB/OL]. [2020 - 04 - 28]. http://xxgk. mot.
gov. cn/2020/jigou/zhghs/202006/t20200630_3321332. html.

续表

地区	自年初累计		公路建设		内河建设		沿海建设		其他建设	
	实绩	为去年同期%	实绩	为去年同期%	实绩	为去年同期%	实绩	为去年同期%	实绩	为去年同期%
江苏	8743953	115.6	7329241	117.8	847436	112.2	529800	92.5	37476	252.7
浙江	18424264	106.4	16303622	106.4	843760	93.7	1230494	113.6	46388	—
安徽	7861132	84.4	6785968	82.0	1074520	103.9	—	—	645	22.4
福建	7673809	87.5	6733804	87.5	78859	175.4	819988	80.9	41158	330.5
江西	7046983	111.9	6570411	110.2	474804	141.1	—	—	1768	—
山东	12694082	109.5	11318976	107.3	225912	113.3	832225	99.6	316970	—
河南	6177143	127.0	5800805	125.8	129392	71.3	—	—	246946	355.7
湖北	11905658	114.2	10715558	111.3	779472	106.4	—	—	410628	—
湖南	5537307	82.1	5084850	78.0	157256	76.0	—	—	295201	—
广东	18460431	115.8	17075483	116.2	170205	53.4	973633	116.1	241110	294.4
广西	10592877	130.3	9840354	126.5	198563	96.1	256811	211.2	297149	—
海南	1633223	83.0	1588935	86.7	—	—	37311	31.2	6978	50.3
重庆	6053795	101.8	8783942	103.4	253345	72.7	—	—	16508	384.3
四川	18056688	112.1	17158908	110.4	455203	85.1	—	—	442577	—
贵州	12077808	71.1	11685302	69.3	79643	70.8	—	—	312863	—
云南	23409440	124.4	23303068	124.5	99980	95.9	—	—	6392	273.2

续表

地区	自年初累计		公路建设		内河建设		沿海建设		其他建设	
	实绩	为去年同期%	实绩	为去年同期%	实绩	为去年同期%	实绩	为去年同期%	实绩	为去年同期%
西藏	4574411	70.2	4551929	69.9	—	—	—	—	22482	238.5
陕西	7071152	109.2	6830976	105.7	94	22	—	—	240082	—
甘肃	8190990	115.2	7996191	112.9	392	—	—	—	194407	—
青海	2036221	49.2	1924658	46.6	—	—	—	—	111563	—
宁夏	1412693	82.0	1409695	82.7	—	—	—	—	2998	17.2
新疆	6296083	125.5	6152925	123.2	—	—	—	—	143158	—
兵团	1004314	135.8	1004314	135.8	—	—	—	—	—	—

21世纪以来,为了促进国民经济的快速发展,国家加强公路网建设,取得了丰硕成果。截至2010年底,"全国公路网总里程达到398.4万公里,其中高速公路通车里程达到7.4万公里,农村公路通车里程达到345万公里,极大促进和保障了我国经济社会的发展"①。2018年11月,交通运输部印发《农村公路建设质量管理办法》,明确我国农村公路建设工程要实行质量责任终身制。同时,每一项政策,都聚焦了突出的问题,不断完善农村公路法治保障,加快实现有路必养、有路必管,切实解决制约农村公路发展的体制问题,建立农村公路长效发展机制。在规划的科学指引下,我国公路路网规模、技术等级、通达深度发生了翻天覆地的变化。截至2018年底,全国公路总里程、公路密度均为新中国成立初期的60倍,14.26万公里高速公路如同大动脉,为经济社会发展输入不竭动力,404万公里农村公路如毛细血管成为民生路、产业路、致富路。② 到2019年底,我国农村公路里程达420万公里,比"十二五"末增加22万公里,广大农村居民迎来"出门就有水泥路,抬脚就能上客车"的好日子。从"走得了"到"走得好",老百姓的出行体验更加快捷舒适,"流动的中国"活力四射。③ 这样全国公路网得到全面发展,极大地促进了国民经济的发展和人们的出行,公路旅客运输量大幅提高。到2019年12月,公路旅客运量达到1301173万人。如表3-2所示。

---

① 冯蕾.全国公路网总里程达到398万公里[N].光明日报,2011-03-24.
② 砥砺大道国运兴——新中国成立七十周年公路交通发展成就综述[EB/OL].[2019-10-08].http://www.mot.gov.cn/jiaotongyaowen/201910/t20191008_3279331.html.
③ 高速公路、高速铁路里程居世界第一 交通运输体系不断完善[EB/OL].[2020-11-01].http://www.mot.gov.cn/guowuyuanxinxi/202011/t20201102_3482736.html.

表 3 - 2　2019 年 12 月公路旅客运量①

	客运量			旅客周转量		
	自年初累计 /万人	本月 /万人	为去年 同期%	自年初累计 /万人公里	本月 /万人公里	为去年 同期%
总计	1301173	101200	95.2	88570794	6485270	95.4
北京	48151	4394	108.0	1047824	82069	104.9
天津	12206	979	99.6	786691	61133	103.0
河北	31719	2224	90.3	2214741	160103	97.3
山西	14010	944	89.1	1588194	99462	99.5
内蒙古	6518	381	83.3	1016393	56324	83.0
辽宁	54599	4154	96.9	2823592	203820	96.9
吉林	22881	1595	97.9	1485925	88018	96.6
黑龙江	18212	1231	87.8	1392731	100911	90.4
上海	3168	249	100.5	1084865	88486	102.5
江苏	94475	7891	97.4	6981857	526915	97.4
浙江	72799	5474	101.1	3783883	246647	93.9
安徽	45643	3099	89.9	3401726	239868	90.3
福建	31199	2512	91.5	1899862	132215	89.6
江西	45933	3256	93.2	2442452	168479	93.6
山东	49581	4805	99.1	4925562	436113	99.8
河南	91281	7662	97.4	6990287	580696	98.3
湖北	69584	5369	85.9	3920924	353011	86.5
湖南	84162	5907	92.5	4334651	266675	90.3
广东	101012	8112	96.0	10929672	835869	97.5
广西	34539	2795	95.6	3326552	226198	94.7
海南	9366	673	97.2	736606	52302	99.0
重庆	50990	3803	97.8	2429780	145034	93.3

---

① 中华人民共和国交通运输部综合规划司.2019 年 12 月公路旅客运输量［EB/OL］.［2020 - 01 - 20］. http://xxgk. mot. gov. cn/2020/jigou/zhghs/202006/t20200630_3321292. html.

续表

	客运量			旅客周转量		
	自年初累计 /万人	本月 /万人	为去年 同期%	自年初累计 /万人公里	本月 /万人公里	为去年 同期%
四川	72387	5115	88.9	4376586	293293	93.9
贵州	84255	7314	100.2	4714653	342512	100.5
云南	30681	2145	88.6	2512718	162507	93.2
西藏	1020	72	97.4	272256	24009	97.4
陕西	59015	4665	97.9	2797125	226450	97.5
甘肃	36085	2636	98.5	2278312	162550	97.7
青海	5071	309	99.6	500460	22714	98.6
宁夏	4905	350	91.8	460087	32151	96.9
新疆	15726	1086	90.4	1113827	68735	90.4

第五节 高速公路的飞速发展

高速公路是指双向 2 条车道以上、双向分隔行驶、完全控制出入口、全部采用两旁封闭和立体交叉桥梁与匝道,时速限制比普通公路高的道路。高速公路作为现代交通的骄子,是速度和效率的代表,也成为衡量国民经济现代化的重要标志之一。改革开放使我国经济快速发展,这客观上催生了高速公路的建设。我国高速公路建设起步时间较西方发达国家晚了近半个世纪,但起点高、发展速度快。改革开放 40 多年来,我国高速公路从无到有,再到实现通车里程世界第一位的历史性突破,有力支撑了经济社会的持续快速发展。这一历程经历了三个阶段。

一、酝酿阶段(1978—1984 年)

改革开放使国民经济快速发展,但由于计划经济时代公路建设滞后,公路交通发展速度不适应经济发展步伐,成为阻碍经济发展的"瓶颈"。高速公路通行能力强、速度快、事故少的优点,成为破除公路交通"瓶颈"的有效手段,倍受青睐。但是由于建设高速公路需要大量投资,改革开放之初国家经济实力较弱,不足以支撑高速公路的建设,因而此一阶段高速公路的建设处在酝酿和论证阶段。但此时人们已经认识到高速公路对经济发展的重要意义。"在我国,随着现代化建设的发展和交通运输量的增加,高速公路也日益受到重视,高速公路对工业布局,国家的经济、文化、军事和生活等均起重要的作用,已经成为公路交通现代化的重要标志之一。"①

同时我国已经认识到修建高速公路的必要性。"我国是否需要修建高速公路? 回答是肯定的。随着国民经济建设的发展,特别是农村商品生产的发展,公路运输将发展很快,公路上行驶的车辆随之增加,当交通量达到一定限额时,就会出现车辆拥挤、汽车行驶速度很慢、油耗很大、安全事故增多等现象。如不及时解决这些矛盾,就会影响社会经济的发展。解决这个问题的办法就是修建汽车专用公路,把汽车和人、兽力车等其他车辆分道行驶。汽车专用公路实质上就是高速公路。"②思想是行动的先导,上述对高速公路建设的正确认识为高速公路建设的起步奠定了思想基础。

二、起步发展阶段(1984—1999 年)

1984 年京津塘高速公路建设被提上日程。"这条高速公路的建设,对于改善京津地区交通条件、促进沿线工农业生产的发展、疏通港口、开发天津、发展旅游事业及方便人民生活等方面,都具有十分重要的意义。目前,京塘高速公路已完成初步设计,预计明年开始施工。"③它是国务院正式批

---

① 刘以成,杨盛福.高速公路[N].光明日报,1979 – 08 – 17.
② 先立志.发展公路建设的几个认识问题[N].人民日报,1984 – 10 – 12.
③ 鲍钟岳.改善公路运输促进生产发展 我国将兴建一批高速公路[N].光明日报,1984 – 10 – 19.

准建设的第一条高速公路,它的修建标志着高速公路建设的起步。1988 年 10 月 31 日,上海至嘉定高速公路通车,当时我国大陆高速公路实现了零的突破。

进入 20 世纪 90 年代,随着改革开放的深入,国民经济快速发展,高速公路的建设随之发展。"八五"期间(1991—1995 年),建成高速公路 1600 公里。1999 年高速公路里程突破 1 万公里。① 但是,从总体上看,我国高速公路建设还远不能满足社会经济发展的需要。20 世纪末的高速公路分布零散,没有形成网络,更没有一条贯穿东西南北的通道,而且总量远低于发达国家水平。

三、高速发展阶段(21 世纪以来)

进入 21 世纪,我国经济的发展质量、水平和速度进入了一个全新的历史阶段,步入一个更为健康和快速的轨道。经济的发展对公路的总量和质量有更高的要求。然而,高速公路发展并没有赶上经济发展的步伐,全国高速公路通车总里程仅占全国公路通车总里程的 1.19%,比例很低,我国高速公路建设仍处于落后于交通需求的状态。高速公路是实现交通现代化进程的重要基础,必须加快发展。实现高速公路建设快速发展,需要转换思路。

为实现高速公路建设的新跨越,2005 年交通部制定了《国家高速公路网规划》,按照规划要求,我国将用 30 年时间完成 8.5 万公里国家高速公路网建设。这促进了高速公路建设高潮的到来,取得了巨大成就。截至 2009 年 6 月底,建成 48896 公里,占规划里程的 57.5%;在建 17500 公里,占规

---

① 中华人民共和国交通运输部,《中国交通运输 60 年》编委会. 中国交通运输 60 年[M]. 北京:人民交通出版社,2009:69.

划里程的 20.6%。另有 2245 公里高速公路路段正在实施扩容改造。① 由于修建高速公路成本高，花费大，此时有些学者认为高速公路"过多"。对此，交通运输部指出："我国高速公路的建设仍然处在一个大建设和大发展的时期。我国确定的国家高速公路网，目前还有将近 40% 的路段还没有建成。国家规划的'7918'公路网线当中，目前仅仅只有京哈、京港澳等七条线实现了全线贯通，省际之间的断头路还有 6000 多公里。所以从发展需求来看，至少还需要 10 年左右的集中建设时期，才能够较好地适应'适度超前'的原则和经济社会发展的需求。"②2013 年 6 月 20 日，中华人民共和国国新办新闻发布厅举办《国家公路网规划（2013 年—2030 年）》新闻发布会，根据这份规划，国家高速公路网按照"实现有效连接、提升通道能力、强化区际联系、优化路网衔接"的思路，保持原国家高速公路网规划总体框架基本不变，补充连接新增 20 万以上城镇人口城市、地级行政中心、重要港口和重要国际运输通道，在运输繁忙的通道上布设平行路线，增设区际、省际通道和重要城际通道，适当增加有效提高路网运输效率的联络线。调整后的国家高速公路由 7 条首都放射线、11 条北南纵线、18 条东西横线以及地区环线、并行线、联络线等组成，约 11.8 万公里。党的十八大以来，国家公路网不断补"断头"、填"空白"、畅"动脉"，原"7918"国家高速公路网基本建成，国省干线公路连接了全国县级及以上行政区。截至 2019 年末，高速公路里程 14.96 万公里，增加 0.70 万公里；高速公路车道里程 66.94 万公里，增加 3.61 万公里。国家高速公路里程 10.86 万公里，增加 0.31 万公里。③

---

① 中华人民共和国交通运输部，《中国交通运输 60 年》编委会. 中国交通运输 60 年［M］. 北京：人民交通出版社，2009:69.

② 冯蕾. 交通运输部反驳高速公路"过多"高速公路网 40% 仍未建成［N］. 光明日报，2012 - 03 - 23.

③ 2019 年交通运输行业发展统计公报［EB/OL］.［2020 - 05 - 12］. http://xxgk. mot. gov. cn/2020/jigou/zhghs/202006/t20200630_3321335.html.

第六节　铁路干线与全国铁路网

改革开放初期,中国铁路网里程仅 5.17 万公里。《中长期铁路网规划》2004 年实施,中国铁路进入了快速发展阶段,世界上海拔最高的青藏铁路 2006 年建成,中国第一条高速铁路——京津城际铁路 2008 年开通运营,拉开了中国高铁时代的序幕。2011 年建成通车的京沪高速铁路,是世界上商业运营速度最高、里程最长的高速铁路。[①] 党的十八大以来,中国铁路尤其是高速铁路发展迅速。到 2019 年末全国铁路营业里程 13.9 万公里,比上年增长 6.1%,其中高铁营业里程达到 3.5 万公里。[②] 目前,中国拥有世界上最现代化的铁路网和最发达的高铁网。铁路事业的发展有力地促进了国民经济的发展,使人们的出行更快捷、舒适。

一、铁路干线的建设

与改革开放前为了发展经济而大规模进行铁路干线建设,不同的是,改革开放后,经济发展倒逼铁路干线建设,铁路干线的建设随经济的发展变化而不断调整,经历了从以对旧线改造为主兼修新线,到顺应西部大开发修建西部铁路,再到大力发展高速铁路和城际铁路的过程。

首先,以对旧线改造为主兼修新线。为了满足国民经济发展的需要,抓紧时间进行旧线改造,是缓和铁路运输紧张状况的当务之急。在"六五"计划的全国九十三个重大建设项目中,涉及铁路旧线改造的就有京广线、衡阳—广州复线、南同蒲复线、胶济复线、沪宁复线、京包复线及电气化、滨州

---

① 胡希捷,赵旭峰.浅谈改革开放 40 年中国交通发展:上篇[N].中国交通报,2018 – 07 – 04.

② 2019 年交通运输行业发展统计公报[EB/OL].[2020 – 05 – 12].http://xxgk.mot.gov.cn/2020/jigou/zhghs/202006/t20200630_3321335.html.

复线、陇海复线电气化、浙赣复线、津浦复线、石太电气化、京山线部分改线工程以及扩建北京铁路枢纽等十多项工程。到 20 世纪末,电气化和内燃化铁路占总营业线比重要达到 75%,复线率达到 25%。①

改革开放以后,国民经济快速发展,铁路客货运量猛增,铁路运输能力全面紧张,这促使政府大量建设铁路干线,我国进入了铁路干线建设的新时期。新建铁路干线以晋煤外运和沿海地区为重点,兼顾西北、西南。陆续建成了京秦、大秦、京皂、侯月、新菏、兖石、合肥—九江等几条新干线。随着改革开放的推进,人员流动越来越活跃,铁路运输压力增大,为缓解运输压力,中国修建了贯通中国南北的京九线,于 1996 年 9 月 1 日建成通车。

其次,顺应西部大开发,修建西部铁路。进入 21 世纪,实施西部大开发是党中央、国务院统筹区域协调发展的重大战略部署。铁道部按照中央的战略部署和有关要求,加强西部铁路基础设施的规划研究和建设力度。其中,青藏铁路的建设是落实西部大开发战略的重要举措。青藏铁路东起青海西宁,南至西藏拉萨,全长 1956 千米,被誉为"天路",它是实施西部大开发战略的标志性工程,是中国新世纪四大工程之一。在 2006 年青藏铁路全线开通以前,交通运输设施的落后,已经严重制约了这一地区经济、社会的发展。随着西部大开发的实施,运往西藏的物资大幅度增加,西藏原有的以青藏公路为主体的运输通道无论从运能、运量上,还是从运输的快捷、方便程度上,都远远不能满足经济发展的迫切要求。建设青藏铁路,是克服交通"瓶颈",加快青海、西藏两省区经济发展,促进西部大开发战略实施的客观需要,修建青藏铁路已是势在必行。2006 年 7 月 1 日,青藏铁路正式通车运营,西藏进入铁路时代,西藏与其他省市的时空联系更密切。这条神奇的天路犹如吉祥哈达,载着雪域儿女驶向发展和幸福之园。"西部铁路建设投资从 2000 年到 2008 年完成 3026.3 亿元,占到当前铁路建设投资的 40% 左右;西部地区铁路总营业里程从 2000 年的 2 万公里增加到 2008 年底近 3

① 房洪吉.铁路运输要适应国民经济发展的需要[N].人民日报,1984 - 07 - 04.

万公里,增长50%,已占全国铁路营业里程的36%,预计2020年西部地区铁路营业里程将达到5万公里以上,对拉动沿线经济增长、密切西部与东中部地区及周边国家的经济联系、促进区域经济协调发展发挥重要作用。"①2017年12月,西成高铁正式全线运营。西成高铁的建成、开通,推动西部铁路建设快速发展,民众生活一年更比一年好。2020年5月17日发布的《中共中央国务院关于新时代推进西部大开发形成新格局的指导意见》指出,加强横贯东西、纵贯南北的运输通道建设,拓展区域开发轴线。强化资源能源开发地干线通道规划建设,加快川藏铁路、沿江高铁、渝昆高铁、西(宁)成(都)铁路等重大工程规划建设。注重高速铁路和普通铁路协同发展,继续开好多站点、低票价的"慢火车"。这必将加快西部铁路建设步伐,促进西部经济社会的发展。

再次,大力发展高速铁路和城际铁路。为缓解运输压力,高速铁路以其速度高、安全舒适和能耗低的优点,倍受青睐。1997年至今,中国进入发展高铁时代,高铁的运量优势,产生巨大的"人气"和"汇聚效应",加快了城市化进程。2008年,根据调整后的《中长期铁路网规划》,我国高速铁路发展以"四纵四横"为重点,构建快速客运网的主要骨架,形成快速、便捷、大能力的铁路客运通道,逐步实现客货分线运输。"十一五"以来,我国高速铁路建设加快发展。2008年8月1日,我国第一条高速铁路——京津城际铁路开通运营。随后几年间,武汉—广州、郑州—西安、上海—南京、上海—杭州等高铁相继建成投运。经过中国几代铁路人的不懈努力,中国高铁像一张巨网编织在广袤的祖国大地上,流动的巨网改变了人们传统的出行方式,打造了新的时空格局。中国高铁承载的是铁路人的心血和智慧,也为世界高铁发展做出了自己的独特贡献。截至2019年末,全国铁路营业里程达到13.9万公里以上,其中高铁3.5万公里。②

---

① 王小润. 西部地区铁路建设成效显著[N]. 光明日报,2009 – 11 – 25.

② 张瑜. 2019年中国高铁总里程突破3.5万公里[EB/OL].[2020 – 01 – 20]. https://photo. gmw. cn/2020 – 01/20/content_33496718. htm.

二、全国铁路网的形成

全国铁路网主要由跨省、跨地区的铁路干线组成，是一个国家之内路网结构的骨架，担负着全路性的远程客、货运输任务。全国铁路网是铁路进行运输生产的主要物质基础，它是随着国民经济发展、生产力布局、产业结构以及交通运输网的合理分工而逐渐发展起来的。

首先，改革开放前全国铁路网的建设。中华人民共和国成立之前，全国铁路不仅线路里程少，而且技术标准低，并偏于东北和华北两个地区。全国铁路"少、偏、低"，无法形成全国铁路网，这制约了国民经济的发展。新中国成立后，在修复原有铁路的基础上，我国以沟通西南、西北为重点，修建了大量线路和铁路枢纽。其中，新线建设的成绩显著。在西南地区，我国陆续兴建了成渝、宝成、川黔、贵昆、湘黔、成昆、襄渝铁路；在西北地区，相继建成了兰青、兰新和包兰等铁路干线。这些铁路的建成，有力地促进了西南、西北地区经济的发展，加强了沿海与内地的联系。新中国三十年铁路运输事业大发展，改变了全国铁路的布局，标志着全国铁路网骨架基本形成，这对促进我国国民经济的发展发挥了重要作用。

其次，1978年到20世纪末，全国铁路网的建设。改革开放以来，为适应经济社会快速发展需要，我国铁路组织实施了一系列建设大会战。1982年因"铁路运输已成为制约国民经济发展的一个重要原因"，我国提出"北战大秦，南攻衡广，中取华东"的战略。1996年建成运营的京九铁路全长2381公里，贯穿9个省、自治区、直辖市，把内地和香港紧密连接起来，成为贯通南北的又一条大动脉。20世纪末，路网规模和质量显著提升。到2000年底，我国铁路营业里程达到6.86万公里，居世界第三位，相当于绕地球一圈半还多。比1949年的2.18万公里，增长2.1倍。铁路运输的技术装备有了明显改善,基本形成了纵横交错、布局合理、设备先进的铁路交通干线网。[1]

再次,21世纪以来全国铁路网的建设。党的十六大以来,党中央、国务院做出了"加快发展铁路"的重要部署。2004年初,国务院批准的《中长期铁路网规划》提出,2020年前,以西部地区为重点,新建一批完善路网布局和西部开发性新线,全面提高铁路对地区经济发展的适应能力。西部地区在加快青藏铁路等新线建设的同时,集中力量加强东西部之间通道的建设,在西北至华北及华东、西南至中南及华东间形成若干条便捷、高效的通道,形成路网骨架,满足东西部地区客货交流的需要。全面推进铁路改革发展,我国铁路进入了又好又快发展的新阶段,取得了世人瞩目的成绩。截至2019年底,全国铁路营业里程达到13.9万公里,其中,高速铁路营业里程达到3.5万公里;复线里程8.3万公里,复线率59.0%;电气化里程10.0万公里,电化率71.9%;西部地区铁路营业里程5.6万公里。全国铁路路网密度145.5公里/万平方公里。全国铁路旅客发送量完成36.60亿人,比上年增加2.85亿人,增长8.4%。其中,国家铁路35.79亿人,比上年增长7.9%。全国铁路旅客周转量完成14706.64亿人公里,比上年增加560.06亿人公里,增长4.0%。其中,国家铁路14529.55亿人公里,比上年增长3.3%。[2]

第七节　高速铁路的建设

随着改革开放日益深入,经济建设日益发展,旅游业日益兴旺,人民生活水平日益提高。在人口密集、商品经济发达、客运特别繁忙的地区,旅客运输在数量上和质量上的要求很高。高速铁路和城际铁路以其速度快、运

---

① 新华社.四通八达的运输网初步形成[N].人民日报,2001-07-01.

② 2019年铁道统计公报[EB/OL].[2020-04-30]. http://www.mot.gov.cn/tongjishuju/tie-lu/202005/t20200511_3323807.html.

能大、安全舒适、节能省地、减排高效等巨大优势，成为解决客运特别繁忙地区旅客运输问题的有效手段。因而，进入20世纪90年代后，中国高速铁路得以产生并发展，它推动了中国交通运输增长方式的转变，对经济社会发展产生重大作用和深远影响。今天，从平原水乡到戈壁沙漠，从冰雪城市到热带雨林，一辆辆高铁动车穿梭其中，它已经成为我们中国的一张名片。

高速铁路（简称高铁），是指通过改造原有线路（直线化、轨距标准化），使最高营运速率达到不小于每小时200公里，或者专门修建新的"高速新线"，使营运速率达到每小时至少250公里的铁路系统。高速铁路速度快、运输能力大、安全舒适、经济效益好、科技含量高，已成为铁路现代化的重要标志。修建高速客运线不仅对缓解我国的铁路运输紧张局面有现实意义，而且也是我国铁路现代化的必然选择。

一、高速铁路的初步探索阶段（1994—2003年）

高速铁路是改革开放开始后，我国经济社会快速发展的产物。随着改革开放的深入，必须转变交通发展方式，建设高速铁路的构想破茧而出。20世纪90年代，中国就已论证建设高速铁路的可行性，加大对高铁技术的研究和开发力度。为了改变我国铁路发展严重滞后的状况，缓解运输能力与运输需要之间的矛盾，必须加大投入，加快铁路建设，这已成为举国上下的共识。1992年3月，国务院下达的《国家中长期科学技术发展纲要》，把加速研究开发铁路重载运输的关键技术和时速在200公里以上的高速铁路客运专线技术，列为铁路运输科学技术发展的重点。①

接着，我国开始对高速铁路的设计建造技术、高速列车、运营管理的基础理论和关键技术组织开展了大量的科学研究和技术攻关，并进行了广深铁路提速改造，修建了秦沈客运专线，实施了既有线铁路六次大提速等。

---

① 郭洪涛. 发展高速铁路势在必行[N]. 人民日报，1993–09–01.

1994 年,广州至深圳准高速铁路建成并投入运营,在技术上实现了质的飞跃。广深准高速铁路是中国高速铁路建设的"试验田"。经铁道部确定的科研攻关课题,就有 14 大项 400 多个分项。例如:路基密实度要达到 98%,比一般铁路高两个等级;轨道要求平整、少缝,不仅要换上每米 60 公斤的重型钢轨,而且要将每根 25 米长的钢轨焊成每根 2000 多米长;通信信号系统要换上全新的微波、光缆通信;牵引机车试验时速达 180~200 公里,采用微机控制。① 广深准高铁的运营为我国发展高速铁路积累了宝贵的经验,迈出了建设高速铁路的重要一步。2002 年 12 月建成的秦皇岛至沈阳间的客运专线,是中国自己研究、设计、施工,目标速度 200 公里/小时,基础设施预留 250 公里/小时高速列车条件的第一条铁路客运专线。自主研制的"中华之星"电动车组在秦沈客运专线创造了当时"中国铁路第一速"——321.5 公里/小时。

二、高速铁路全面发展阶段(2004 年至今)

2004 年 1 月,国务院常务会议通过我国历史上第一个《中长期铁路网规划》,以大气魄绘就了超过 1.2 万公里的"四纵四横"快速客运专线网,使高速铁路建设进入全面发展阶段。2004 年 1 月,《中长期铁路网规划》得到批复,确定铁路网要扩大规模,完善结构,提高质量,快速扩充运输能力,迅速提高装备水平。确定到 2020 年,全国铁路营业里程达到 10 万公里,主要繁忙干线实现客货分线,复线率和电化率均达到 50%,运输能力满足国民经济和社会发展需要,主要技术装备达到或接近国际先进水平。为了实现高速铁路建设跨越式发展,必须积极引进国外先进技术,发挥后发优势实现铁路现代化。"缩短这种差距,必须加快我国铁路的技术进步,直接对当今世界

---

① 江世杰.中国火车"飞"起来——从乘坐广深准高速铁路谈起[N].人民日报,1995 – 02 –15.

上最先进、最成熟、最可靠的铁路技术,进行引进消化吸收再创新,用较短的时间和较小的代价,在高起点上实现我国铁路技术装备现代化。"①2004—2005 年,中国南车、青岛四方、中国北车长客股份和唐车公司从国外引进技术,联合设计生产高速动车组。2007 年 4 月 18 日,全国铁路实施第六次大提速和新的列车运行图,繁忙干线提速区段达到时速 200～250 公里,这是世界铁路既有线路提速最高值。同时,"和谐号"动车组从此驶入了百姓的生活中。

2007 年 11 月国家批复《综合交通网中长期发展规划》,确定到 2020 年,铁路网总规模达到 12 万公里以上,复线率和电化率达到 50% 和 60%。京津铁路通车运营开辟了高速铁路发展的新时代。2008 年北京奥运会开幕前夕,京津城际高速铁路开通运营,全长 120 公里,设计时速 350 公里,北京、天津两地间铁路运行用时由原来 2 小时左右缩短至 30 分钟左右,形成同城效应。京津城际铁路是中国第一条具有自主知识产权、当时世界运营速度最快的高速铁路。2008 年 10 月,国家批准《中长期铁路网规划(2008 年调整)》,确定到 2020 年全国铁路营业里程达到 12 万公里以上,其中客运专线达到 1.6 万公里以上,复线率和电化率分别达到 50% 和 60% 以上,基本形成布局合理、结构清晰、功能完善、衔接顺畅的铁路网络,运输能力满足国民经济和社会发展需要,主要技术装备达到或接近国际先进水平。重点规划"四纵四横"等客运专线以及经济发达和人口稠密地区城际客运系统。根据《中长期铁路网规划》,通过建设京沈、商合杭、京张、南昌至赣州等客运专线,建成以京沪、京广、京哈、沿海、陇海、太青、沪昆、沪汉蓉为主骨架的"四纵四横"高速铁路网,同时配套建成贵广、合福等高铁延伸线,形成触角丰富、路网通达、运力强大的中国高速铁路网络。

2009 年 12 月 26 日,武广高速铁路开通运营使广州与武汉的铁路运行时间由 10 小时缩短到 3 小时。它的开通运营在我国高速铁路发展史上具

---

① 周镜.发挥后发优势实现铁路现代化[N].人民日报,2007－07－31.

有重要意义。"这是我国已建线路最长、技术标准最高、投资规模最大的铁路客运专线,又位于我国运输最繁忙、运力最紧张的铁路通道上,对缓解春运客运需求,释放货运需求,调整产业结构,以及促进东中部地区的协调发展等都具有重要意义。"①2010 年 2 月 6 日,郑西高速铁路开通运营。郑西高速铁路是"四纵四横"中"徐兰客运专线"的中段,是我国在湿陷性黄土区建设的首条高速铁路,全长 523 公里,设计时速 350 公里。2011 年 6 月 30 日,世界上一次建成里程最长的京沪高速铁路开通运营。京沪高速铁路全长 1318 公里,连接京沪两地,贯通我国东部最发达地区,设计时速 350 公里,初期运营时速 300 公里。2012 年 12 月 1 日,世界上第一条新建高寒高速铁路——哈大高速铁路正式通车运营。哈大高速铁路连接哈尔滨和大连,全长 921 公里,设计时速 350 公里。运营初期实行冬季、夏季运行图,夏季最高运营速度 300 公里/小时,冬季最高运营速度 200 公里/小时。2012 年 12 月 26 日,京广高速铁路全线开通运营。京广高速铁路途经北京、河北、河南、湖北、湖南、广东,全长 2298 公里,是世界上运营里程最长的高速铁路,设计时速 350 公里,初期运营时速 300 公里。由于中国政府对高速铁路建设高度重视,投入大量资金,2008 年以来,中国高速铁路建设取得长足的发展。2018 年底,中国高铁里程达到 3 万公里,超过世界高铁总里程的三分之二,成为世界上唯一高铁成网运行的国家。2019 年 5 月,设计时速 600 公里的高速磁悬浮试验样车在青岛下线,刷新了人们对"中国速度"的认知。中国已成为世界上高速铁路发展最快、系统技术最全、运营里程最长、运营速度最高的国家。

第八节　民用航空事业的发展

伴随着中国改革开放的伟大历史进程,民用航空的发展速度远高于其

---

① 陆娅楠.武广铁路客运专线 12 月 9 日起试运行　中国动车跑出世界最高速　两车重联最高时速达到 394 公里[N].人民日报,2009 – 12 – 10.

他交通运输方式,它从一个军事化的行业发展成为现代化的、对国民经济和社会发展起到重要作用的全球第二大航空运输系统。改革开放40多年来民用航空事业的发展,促进了国家的经济发展,有利于保持中国经济平稳发展。民用航空在经济发展中的地位举足轻重,是经济增长的重要驱动力量,经济越发展,民用航空的作用就越突出。航空运输作为我国综合运输体系的组成部分,已由居于从属补充地位变为大众化。

从1978年开始,我国逐渐从计划经济体制向市场经济体制转变,在这一转变过程中,中国民用航空业迎来了发展的春天。

1987年,中国政府决定对民航业进行以航空公司与机场分设为特征的体制改革。"民航管理体制实行政企分开,民航局不再直接经营航空企业;全国成立六大骨干航空公司,实行独立核算,自负盈亏。……民航体制改革后,机场将成为独立的企业单位,设机场管理机构实施管理,所有权仍属于国家。机场与民用航空运输企业分开,对所有民用航空企业开放,提供服务,根据有关规定实行收费制度。"[①]中国民用航空业实施政企分开的管理体制改革,促进了民用航空业的大发展。2002年定期航班航线总数达1176条,航线里程163.8万公里;运输总周转量、旅客运输量和货邮运输量分别达到165亿吨公里、8594万人和202万吨,分别比1978年增长54倍、36倍和31倍,年均增长率分别为18.2%、16.3%和15.5%,其中运输总周转量的增长速度是同期世界民航增长速度的3.4倍。[②] 中国民航业的长足发展,有力地推动了中国的经济发展和社会进步。

随后,中国民航业新一轮改革再次启动。改革的重点是顺应市场经济体制发展,建立现代企业制度和改革机场管理体制。2002年3月,中国政府决定对中国民航业再次进行重组。"总局直属的9家航空公司将进行联

---

① 杨理科,张国荣.民航管理体制改革方案出台 全国成立六大骨干航空公司 民航局不直接经营航空企业[N].人民日报,1987 – 02 – 14.

② 杨元元.飞机促进了人类文明的进步——写在人类动力飞行100周年之际[N].人民日报,2003 – 12 – 16.

合重组,实行政企分开,形成 3 个大型航空集团。……三大航空集团组建后,即与民航总局脱钩。政府鼓励其他航空公司在自愿的基础上,根据现代企业制度的要求,联合重组为新的航空集团公司,或进入三大航空集团,也可以独立自主发展。"①2005 年 8 月 15 日,《国内投资民用航空业规定(试行)》施行,该规定放宽了民航业的投资准入及投资范围,意味着民航业全面对内开放。民航向非公资本敞开大门,使民航走向市场,多方融资,快速发展。到 2011 年,"全行业拥有飞机总量从 1095 架增加到 3142 架;我国定期航班航线从 1176 条增加到 2290 条……2011 年,中国人均年乘机次数达到 0.2 次,比 2002 年的 0.07 次,增长近 3 倍,比 1978 年提高了 100 倍"②。

同时由于国家对民航建设固定资产投资规模越来越大,民用航空机场数量快速增加。截至 2019 年末,全国共有颁证民用航空机场 238 个,比上年增加 3 个,其中定期航班通航机场 237 个,定期航班通航城市 234 个。年旅客吞吐量达到 100 万人次以上的通航机场有 106 个,比上年增加 11 个,年旅客吞吐量达到 1000 万人次以上的有 39 个,增加 2 个。全年完成旅客运输量 6.60 亿人,比上年增长 7.9%,完成旅客周转量 11705.12 亿人公里,增长 9.3%。③

第九节　改革开放后水运事业的蓬勃发展

改革开放 40 多年来,水运事业与时俱进,不断调整行业结构,转变发展方式,注重水运创新,强化行业管理,取得了举世瞩目的成就。共和国的水运事业发展对国民经济、对外贸易和区域经济社会的发展起到了重要支撑作用,为国民经济和社会发展做出了巨大贡献。

① 白天亮.民航总局局长刘剑锋宣布　九家航空公司将联合重组形成三个大型航空集团[N].人民日报,2002 - 02 - 06.

② 冯蕾,王小润.十年:创造新的中国速度[N].光明日报,2012 - 09 - 25.

③ 2019 年交通运输行业发展统计公报[EB/OL].[2020 - 05 - 12].http://xxgk.mot.gov.cn/2020/jigou/zhghs/202006/t20200630_3321335.html.

改革开放以后,随着经济的快速发展和对外开放的不断扩大,运输需求急剧增长,乘船难、运货难矛盾日趋突出。严重滞后的水路运输能力与不断增长的水路运输需求之间的矛盾,是水路交通发展中的主要矛盾。为解决这一矛盾,20世纪80年代,交通部稳步推进水运经营主体多元化。"交通部在总结了三十多年来水运工作经验教训的基础上,提出了振兴水运事业的十项任务。这是关系到把交通运输搞活的重大措施。发展水运事业,应当在国家计划的指导下,充分调动地方、部门和厂矿企业各个方面的积极性,放手让大家办。要实行大中小相结合,江河湖海相结合,全民、集体、个人所有制相结合,真正做到江海互通,干支直达,点线相接,水陆相连。"①水运业初步形成了多种经济成分并存、多种经营方式并举的格局。

1984年国家开始改革内河航运体制,发展民间水运事业。"从1984年以来,国家对内河航运体制采取了一系列改革的措施,实行'有河大家行船,有港大家停靠',国家、集体、个体一起上的方针,从而调动了广大农民发展水上运输的积极性,民间水运事业迅速发展起来。"②1985年,国家进一步放宽政策,允许各行各业各种经济成分从事水路运输,国内水路运输价格有所放开。1989年,在全国交通工作会议上提出了"三主一支持"交通基础设施建设长远规划并开始实施。开放水运工程建设市场,积极探索实行水运建设项目公开招标和工程承包制。

1992年中共十四大后,我国开始逐步建立市场经济体制,水运事业顺应时代变迁,建立现代企业制度。"1992年,交通部发布《关于深化改革、扩大开放、加快交通发展的若干意见》,进一步加大交通运输改革开放力度。推动国有水路交通大中型骨干企业建立现代企业制度,1992年以中国远洋运输总公司和中国长江轮船总公司为班底,分别组建中国远洋运输集团、中国长江航运集团,1997年,适时将部属企业合并重组了中国海运集团、中国港

---

① 振兴我国水运事业[N].人民日报,1982-01-13.
② 龙文彬,杨木寿.改革内河航运体制 发展民间水运事业 32万农民进入长江水系运输市场 水运专业户拥有船舶14万多艘运力180多万吨[N].人民日报,1987-08-17.

湾建设集团。"①1998 年,交通部与直属水路交通企业全面脱钩。交通企业从实际出发,采取股份合作制以及职工持股、租赁、承包或产权转让等多种形式进行市场化改革,取得了明显的成效。"鼓励多种经济成分共同发展水运事业,突破传统管理模式等,我国水运市场获得迅速发展,水运生产力有较大提高。有资料显示,到 1999 年我国运输船舶达 26 万余艘,特别是从事国际航运的船舶逐年增长,我国已连续 6 次当选国际海事组织的 A 类理事国,成为世界重要航运大国;内河水运基础设施明显改善,沿海港口泊位数比 1978 年增长 11 倍,其中万吨级深水泊位 700 多个。"②

在此期间,海运事业也得以发展。"远洋运输和沿海运输是水运发展的重点,它承担着我国相当数量的煤炭、矿石、粮食、化肥、原油和成品油等大宗货物以及集装箱和杂货的运输任务。百分之九十以上的外贸物资是由远洋运输完成的。'八五'末期,沿海港口已建成万吨级以上深水泊位 438 个,吞吐能力达到 7 亿吨,其中集装箱达 550 万标准箱。"③过去港口长期存在的压船、压港的被动局面已经初步改变,港口设施进一步向现代化方向迈进。

党的十六大以来,我国进入了科学发展观指导下的全面建设小康社会新时期,水运事业积极转变发展方式,建设资源节约、环境友好型水路交通,增强可持续发展能力成为水运事业发展的方向。为实现水运事业科学发展,制订水路交通长远发展计划,促进水路交通优化升级。"国务院先后批准实施了《全国沿海港口布局规划》《全国内河航道与港口布局规划》《长江三角洲、珠江三角洲、渤海湾三区域沿海港口建设规划》等规划,形成了较为完整的水路交通长远发展规划体系。"④在规划的指导下,大型深水专业化码头泊位建设加快,港口布局更加合理。

---

① 中华人民共和国交通运输部,《中国交通运输 60 年》编委会. 中国交通运输 60 年[M]. 北京:人民交通出版社,2009:77.

② 王楚. 突破瓶颈 扩大市场 水运已占综合运输半壁江山[N]. 人民日报,2000 - 05 - 17.

③ 李鹏. 建设统一的交通运输体系[N]. 光明日报,1997 - 08 - 06.

④ 中华人民共和国交通运输部,《中国交通运输 60 年》编委会. 中国交通运输 60 年[M]. 北京:人民交通出版社,2009:78.

2006 年 4 月交通部发布了《建设节约型交通指导意见》,加快推进水路交通运输走资源节约型、环境友好型之路。随后,水路交通建设将节约和环保意识始终贯穿于水路交通规划、设计、施工、运营的全过程,大力发展内河航运,加快黄金水道建设步伐,充分发挥内河航运运能大、占地少、节能环保的优势。

2007 年,全国水运工作会明确提出:"到 2020 年,总体实现水路交通现代化,即拥有基本达到世界先进水平的水运基础设施、装备和服务体系,海运综合实力强,内河航运优势明显,与其他运输方式相互协调,形成安全、高效、畅通、可持续发展的水路交通系统,适应经济社会发展和国家经济安全的要求。"①2020 年水路交通现代化发展目标的提出,进一步促进了水运事业的发展。"乘风破浪会有时,直挂云帆济沧海",经过 60 年的水陆交通建设,我国形成了布局合理、层次分明、功能齐全、优势互补的港口体系,内河航道基本形成"两横一纵两网"的国家高等级航道网,水运供给能力显著提高。"截至 2008 年底,全国港口生产性泊位 3.1 万个,是 1949 年的 193 倍,万吨级以上深水泊位从无到有,发展到 1416 个,内河航道通航里程 12.3 万公里,是 1949 年的 1.7 倍。"②

追求可持续发展和低碳出行是当今的时代发展潮流。水运是公认的绿色运输方式,具有投资少、运量大、能耗低、占地少、成本低的比较优势。但我国 2010 年内河货运量和周转量在综合运输体系中的比重仅为 5.8%、3.9%,我国内河运输市场仍以个体户为主,竞争力极差。这样,深入贯彻落实科学发展观,发展畅通高效平安绿色内河航运,在"十二五"期间上升为国家战略,国家对内河航运投资成倍增加。内河水运发展上升为国家战略,必将使内河水运发展迎来新一轮重大发展机遇。

到 2019 年末,"全国内河航道通航里程 12.73 万公里,比上年增加 172

①　冯蕾,何平. 中国水运:进入历史上规模最大的建设期[N]. 光明日报,2007 – 07 – 06.
②　中华人民共和国交通运输部,《中国交通运输 60 年》编委会. 中国交通运输 60 年[M]. 北京:人民交通出版社,2009:79.

公里。等级航道里程 6.67 万公里,占总里程 52.4%,提高 0.2 个百分点。三级及以上航道里程 1.38 万公里,占总里程 10.9%,提高 0.3 个百分点。各等级内河航道通航里程分别为:一级航道 1828 公里,二级航道 4016 公里,三级航道 7975 公里,四级航道 11010 公里,五级航道 7398 公里,六级航道 17479 公里,七级航道 17044 公里。等外航道里程 6.05 万公里"①。全国内河航道通航里程增加,等级提高,促进了内河水运的发展,水路旅客运输量得到很大提升。如表 3-3 所示。

表 3-3　2019 年 12 月水路旅客运输量②

	客运量			旅客周转量		
	自年初累计 /万人	本月 /万人	为去年 同期%	自年初累计 /万人公里	本月 /万人公里	为去年 同期%
总计	27267	1684	97.4	802202	51105	100.8
北京	—	—	—	—	—	—
天津	141	2	121.8	2152	13	101.7
河北	1	—	47.6	895		47.6
山西	142	1	88.4	604	4	80.2
内蒙古	—	—	—	—	—	—
辽宁	530	19	93.6	60.059	2234	99.3
吉林	94		68.1	1433		80.4
黑龙江	317	—	103.1	3546	—	97.6
上海	441	40	103.2	7689	656	96.8
江苏	2084	79	87.4	36718	2153	105.9
浙江	4785	241	106.4	69486	3057	110.3
安徽	222	9	92.5	3039	68	77.7

① 2019 年交通运输行业发展统计公报[EB/OL]. [2020-05-12]. http://xxgk. mot. gov. cn/2020/jigou/zhghs/202006/t20200630_3321335.html.
② 中华人民共和国交通运输部综合规划司. 2019 年 12 月水路旅客运输量[EB/OL]. [2020-01-20]. http://xxgk. mot. gov. cn/2020/jigou/zhghs/202006/t20200630_3321294.html.

续表

	客运量			旅客周转量		
	自年初累计/万人	本月/万人	为去年同期%	自年初累计/万人公里	本月/万人公里	为去年同期%
福建	1821	127	94.4	26597	1696	96.5
江西	198	8	78.1	2,751	97	82.0
山东	2014	68	98.5	143864	9321	112.7
河南	307	8	92.8	6556	217	107.1
湖北	632	23	97.5	47583	2197	100.4
湖南	1641	142	94.9	34516	3161	95.0
广东	2614	181	94.2	97064	6595	87.2
广西	770	43	110.5	35044	2088	106.5
海南	1736	151	97.1	40836	3469	99.6
重庆	756	56	103.5	57294	3451	102.6
四川	1930	147	96.9	18192	1671	95.5
贵州	2305	241	104.3	75037	7400	110.8
云南	1147	82	85.5	22955	1229	75.9
西藏	—			—		
陕西	285	17	78.9	4999	307	80.6
甘肃	80	2	102.6	1292	22	102.4
青海	94	—	98.5	1022	—	99.2
宁夏	183	—	128.7	980	—	143.5
新疆	—			—		

第四章

改革开放后民众出行方式的新变化

40 多年弹指一挥间。改革开放以来,随着交通运输业的不断发展,民众出行方式发生重大变化。在繁华都市,公交线路网越织越密,地铁让人出行便捷,出租车招手即停,城市公共交通日益多元化与立体化;便捷的"高铁半小时""高速一小时"的幸福生活圈,使城际往来渐趋快捷化与便利化;私家车数量急剧增加,国人已经进入了自驾时代。在农村,公交客车也陆续通到了家门口,多种档次的车辆随意选择,民众出行日益多样化。当今社会可持续发展,更健康、更自然、更安全的低碳生活理念深入人心,"低碳出行"蔚然成风。回首改革开放后民众出行方式变迁的历程,人们品出了昔日清贫生活的苦涩,也品出了今日改革开放成果的甘甜。

第一节　城市公共交通的多元化与立体化

城市公共交通是指在城市及其郊区范围内,为方便公众出行,用客运工具进行的旅客运输。城市公共交通是一个十分重要的部门,也是我国综合运输体系的组成部分,在我国的经济发展和城市建设中发挥着重要作用。改革开放后,随着经济社会的发展,城市化、机动化造成的城市拥堵,倒逼城市公共交通从单一依靠公共汽电车和地面公共交通,发展为以地铁、公共电汽车、出租车组成的城市公共交通多元化与立体化网络,以适应经济发展和人民生活的需要。

一、1978 年到 20 世纪末城市公共交通逐步多元化与立体化

改革开放以来,随着社会的发展和城市居民人数的增加,大城市道路的增长速度低于车辆增长的速度,公共交通车辆客位数增长速度低于客流增长的速度,城市公共交通结构单调。这导致全国各大城市普遍出现了"乘车难"与"行车难"的问题。"乘车难"和"行车难"的困境,使城市公共交通逐

步走向多元化与立体化。"大城市应根据自然环境,因地制宜地发展多种公共交通,一般应重点发展容量大、速度快、受地面其他交通干扰少的电气化轨道交通,也就是要重点发展地铁、快速有轨电车、电气化城郊铁路及其他新型交通工具。城市的地面、地上及地下的空间都可利用起来,逐步建成一个以快速电气化轨道交通为骨干,以公共汽车、无轨电车为辅的城市交通网络,合理布置换乘中心,方便市民换乘。"①改革开放之初,由于国家财力有限,轨道交通发展缓慢,城市公共交通立体化发展处于起步阶段,但是,城市公共交通已经逐步改变计划经济时代单一依靠公共汽电车的局面,开始向多元化和立体化方向发展。"如今,全国具备公共交通设施的城市已由解放初期的二十六个增加到近三百个,基本构成了以公共汽车、电车为主体,以出租汽车、地下铁道、轮渡客运、架空索道等为辅助的多层次公共交通体系。……最新的统计数字表明,目前我国已有城市公共交通车辆近五万辆,公交职工五十多万人;在一百五十九个城市中有了各类出租汽车;北京、天津共建成地下铁道四十七公里,上海市的地铁也在筹建中;山城重庆架起了七百四十米长的双线往复式嘉陵江客运索道;在沿江、湖、河的二十多个城市还有客运轮渡五百多艘以沟通城市水道两岸。"②城市公共交通逐步走向多元化与立体化,这一定程度上缓解了城市交通拥堵,方便了市民出行。

20世纪90年代,随着改革的深入和我国经济社会的发展,城市处在飞速发展阶段,形成了城市交通量(人流、物流、车流)的大量增加,加上城市房地产开发,土地密度增加,使本已偏小的城市交通空间更趋紧张。与此同时,城市人均出行次数增加,大城市人均出行2.7次,而且流动人口多,北京、上海两地流动人口均超过300万,全国流动人口已达8000万人。交通需求增长极为迅速。然而,公交行业经营不善、亏损严重;公共汽车车辆老化严重,发车频率不正常,车速下降,换乘不方便,可达性差且服务水平低。

① 二民.发展城市公共交通 缓和车辆拥挤堵塞[N].人民日报,1985-06-27.
② 徐克洪.近三百个市具备公交设施 基本构成多层次交通体系[N].人民日报,1986-12-30.

这样,交通需求快速增长与公交行业的滞后发展形成了尖锐矛盾,乘坐公交车远不能满足城市居民出行需求。随着经济收入的增加,人们的交通观念发生变化,对交通方式的选择追求快捷、便利,于是私人交通工具增加,摩托车、小汽车发展迅速,公共汽车出现了萎缩现象。"据新近对全国 10 个大城市的调查,目前,公共客运车况、客流下降,经营亏损,居民出行乘坐公共汽车与骑自行车的比例已从 80 年代的 1∶10 变为 1∶20。在上海,80 年代居民出行乘坐公共汽车的占 68%,骑自行车的占 31%,90 年代骑自行车的上升到 40%,而乘坐公共汽车的则下降为 50%;天津市民乘坐公共汽车的比重从 80 年代的 10.3% 下降到 4.06%,北京 10 年来公共客运系统承担了 42% 的城市客运任务,而 58% 的客运则转向自行车和其他车种上。"①公共汽车的萎缩,客观上促使城市公共交通进一步向多元化与立体化转变。城市居民由单一使用公共汽车向舒适、快速的专线车、出租车以及地铁方向发展。以出租汽车为例,"出租汽车增长迅速,1989—1993 年平均每年出租车增长量是公共汽车的 6.4 倍,1993 年全国出租汽车数量是公共汽车数量的 3.2 倍,达 32 万辆"②。

二、21 世纪以来城市公共交通的多元化与立体化不断发展

首先,确立优先发展公共交通,加快城市公共交通多元化和立体化发展的方向。进入 21 世纪,随着改革开放的深入,社会经济飞速发展,城市化、机动化步入高速发展期,小汽车出行比例增长迅猛,自行车等传统交通方式

---

① 陆彩荣.据新近对全国十大城市的调查,公共客运车况、客流下降,经营亏损;80 年代,居民出行乘坐公共汽车与骑自行车的比例是 1∶10,如今只有 1∶20——城市公共交通出现萎缩[N].光明日报,1995 – 10 – 16.

② 陆彩荣.据新近对全国十大城市的调查,公共客运车况、客流下降,经营亏损;80 年代,居民出行乘坐公共汽车与骑自行车的比例是 1∶10,如今只有 1∶20——城市公共交通出现萎缩[N].光明日报,1995 – 10 – 16.

所占比例明显下降。以北京为例,"统计表明,20 年前北京每增加 10 万辆汽车,大约需用 4 年;10 年前,每增加 10 万辆汽车,仅需要 2 年。2002 年一年就新增汽车 27.6 万辆。今年前 8 个月新增汽车就超过 24 万辆。现在,北京市机动车总数已经超过 200 万辆"①。小汽车十分浪费空间,其数量不断增加,导致道路负荷增大。随着中国经济的飞速发展,交通拥堵问题越来越明显。解决城市交通拥堵的关键,是要树立城市公共交通在城市交通体系中的主导地位,大力优先发展公共交通。为此,2004 年《建设部关于优先发展城市公共交通的意见》提出要采取有效措施,争取用 5 年左右的时间,基本确立公共交通在城市交通中的主体地位。"特大城市基本形成以大运量快速交通为骨干,常规公共汽电车为主体,出租汽车等其他公共交通方式为补充的城市公共交通体系,建成区任意两点间公共交通可达时间不超过50 分钟,城市公共交通在城市交通总出行中的比重达到 30% 以上。大中城市基本形成以公共汽电车为主体,出租汽车为补充的城市公共交通系统,建成区任意两点间公共交通可达时间不超过 30 分钟。"②大力优先发展公共交通使特大城市轨道交通发展迈上新台阶,加快了城市公共交通向多元化和立体化方向发展。

其次,大运量快速公交系统建设,使城市公共交通更趋多元化与立体化。只有坚定不移地优先发展公共交通,才能让百姓出行更加方便、快捷、舒适,各地加快了大运量快速公交系统建设。作为城市公共交通的主干线、客流运送大动脉的城市轨道交通,是世界公认的低能耗、少污染的"绿色交通",是解决"城市病"的一把金钥匙,对于实现城市的可持续发展具有非常重要的意义,新世纪以来,政府投入大量资金,大力发展城市轨道交通。"继国务院推出 4 万亿元拉动内需方案后,31 个省市自治区的投资计划相继出炉,投资计划总额近 18 万亿元,交通基础设施成为重点。这其中,北京、广

---

① 李家杰.北京城市交通拥堵症结何在[N].光明日报,2003 – 10 – 24.
② 朱剑红.公共交通主体地位将用 5 年确立[N].人民日报,2004 – 03 – 20.

州、武汉、长沙等众多城市的轨道交通规划引人注目,已获批准的项目总里程达 1700 公里,总投资逾 6000 亿元,逼近 3 个三峡工程的总投资。"[1]同时,顺应时代发展的需要,快速公共汽车系统(BRT)应运而生,规划建设如火如荼。"一些城市开始了快速公共汽车系统(BRT)的规划建设。BRT 系统是一种具有快捷、可靠、舒适、低成本的新型大运量公共运输服务系统,具有与轨道交通相近的运量大、快捷、安全等特性,且建设周期短,造价和运营成本也低,只相当于地铁造价的 1/8~1/10。目前,除北京、杭州、合肥等城市已建成快速公交系统并投入运营外,济南、西安、深圳、常州等城市也启动了快速公交建设,总建设里程近 100 公里。"[2]大运量快速公交系统建设改变了大城市长期以来公共交通结构单一的局面,城市公共交通更趋多元化与立体化,有利于缓解城市拥堵。

再次,实施公共交通优先发展战略,城市公共交通多元化和立体化发展进入快车道。近年来,随着中国经济的飞速发展,交通拥堵问题越来越明显,以前人们说"要想富,先修路",而现在却变成"哪里富,哪里堵"。2010年统计显示,"全国 667 个城市中,约有 70% 的城市交通在'高峰'时段出现拥堵。在我国一些大城市市区,机动车平均时速已下降到 12 公里,而在拥堵时段的市中心,机动车时速甚至只有 8~10 公里。当前,北京市民上班族平均道路消耗时间超过 1 小时,上海约为 50 分钟。漫长的上下班时间,已成为城市人心中挥之不去的阴影"[3]。为从根本上缓解交通拥堵、出行不便、环境污染等矛盾,第十二个五年规划纲要提出:"实施公共交通优先发展战略,大力发展城市公共交通系统,提高公共交通出行分担比率。科学制定城市轨道交通技术路线,规范建设标准,有序推进轻轨、地铁、有轨电车等城市轨道交通网络建设。积极发展地面快速公交系统,提高线网密度和站点

① 陆娅楠. 我国已获批准的城市轨道交通项目总里程达 1700 公里,总投资逾 6000 亿元,逼近 3 个三峡工程的总投资 四问地铁建设大提速[N]. 人民日报,2008 - 12 - 08.

② 王炜,徐笑古. 230 多个城市开辟公交专用道 2015 年前我轨道交通里程将达 1700 公里[N]. 人民日报,2007 - 09 - 01.

③ 王永. 汇聚全球智慧 求解堵城之困[N]. 人民日报,2010 - 12 - 01.

覆盖率。规范发展城市出租车业,合理引导私人机动车出行,倡导非机动方式出行。优化换乘中心功能和布局,提高出行效率。统筹城乡公共交通一体化发展。"①截至"十二五",全国共有城市公共汽电车运营车辆超过60万标台,运营线路总长度超过82万公里,较2010年分别增长30.6%和29%。全国有25个城市开通了城市轨道交通路线,城市轨道交通运营线路总长度超过3200公里,较2010年增长超过一倍。城市快速公共交通系统运营线路总长度超过2700公里,较2010年翻了两番。全国共设置公交专用车道超过7000公里,较2010年增长85%。②为深入贯彻落实城市公共交通优先发展战略,充分发挥城市公共交通对改善城市交通状况、促进经济社会协调和可持续发展的作用,2016年7月18日交通运输部组织编制的《城市公共交通"十三五"发展纲要》提出:到2020年,初步建成适应全面建成小康社会需求的现代化城市公共交通体系。城市公交行业体制机制改革深入推进,政府购买城市公交服务等重点领域的制度建设和落实取得实质进展;行业发展活力和可持续发展能力显著增强;城市公交供给侧改革取得突破,服务针对性和精准性显著提升,优选公交成为出行习惯,广大群众出行更安全、更高效、更舒适、更便捷。实施公共交通优先发展战略,把轨道交通放在了首位,有利于城市公共交通立体化发展,同时,积极发展地面快速公交系统,规范发展城市出租车业,促进了城市公共交通多元化发展。

第二节　城际往来的快捷化与便利化

20世纪90年代以来,随着改革开放的深入,国民经济快速发展,城市化加速,大都市之间的联系也越来越紧密,形成了长三角都市圈、京津唐都市

---

① 新华社. 中华人民共和国国民经济和社会发展第十二个五年规划纲要 2011年3月14日第十一届全国人民代表大会第四次会议批准[N]. 人民日报, 2011 – 03 – 17.

② 交通运输部. 城市公共交通"十三五"发展纲要[EB/OL]. [2016 – 07 – 18]. http://www. mot. gov. cn/zhuanti/shisanwujtysfzgh/guihuawenjian/201702/t20170213_2163887.html.

圈、珠三角都市圈等一系列都市圈。都市圈内如何实现快速交通、资源共享成为城市发展的新课题。高速公路、高速铁路和城际铁路成为都市圈同城化的纽带,使整个都市圈形成了往来便捷的"高铁半小时""高速一小时"的幸福生活圈,城际往来的公交化带动了同城效应,改变着越来越多人的工作生活方式。

一、高速公路客运开启城际往来快捷化与便利化之旅

首先,20世纪90年代,高速公路的发展使高速客运应运而生。改革开放以来,国民经济快速发展,为高速公路建设奠定了物质基础,特别是进入90年代,随着改革开放的深入,国民经济快速发展,城市化加速,以重要城市为节点的高速公路建设随之发展。高速公路的发展使高速客运应运而生。高速公路客运是指营运线路中高速公路里程在200公里以上,或者高速公路里程占总里程70%以上的道路客运。高速公路客运以其经济性、快速性、舒适性、方便性、安全性的特点,受到越来越多旅客的欢迎。湖北"高速路客运热"逐年升温是有力的证明。"被称为'荆楚第一路'、全长350多公里的宜(昌)黄(石)高速公路,自1995年11月全线建成通车以来,'高速路客运热'逐年升温。据交通部门统计,截至1997年6月15日,宜黄高速公路通车尚不足两年,已有上百家国有、集体、'三资'运输企业以及社会单位、个体经营者共547辆各类客车上路参与运营,日客运能力达2万人。"①高速班线客运的快速性和舒适性,很快使高速客运发展呈现燎原之势。以山西为例,1996年6月25日太旧高速公路全线通车前,根据省交通厅确定太原至石家庄、太原至北京省际高速公路客运线路资源以省、市国有企业为主的原则,经山西、河北及北京市三方的省、市级运管部门协商,同意每日各对开40对班车。根据山西省交通厅意见,山西将太原至北京、太原至石家

---

① 陈铁. 宜黄高速路客运热该降温[N]. 人民日报,1997-08-11.

庄两条省际高速公路线路经营指标全部分配给省、市属运输企业,山西省的省、市属运输企业又将两条省际高速公路线路的经营权全部分别转包给非交通部门运输企业或个人,全部由他们出资购车经营。从而使该线豪华客车、高档中巴蜂拥而起,并同时从太原汽车站、太原火车站、湖滨会堂发车,到 1997 年底时,平均每隔 20 分钟即发一班车。①

其次,进入 21 世纪以来,高速客运快速发展。步入 21 世纪,随着经济的快速发展,高速公路建设进入快车道,高速公路网逐步形成,有力地促进了高速客运的发展。其中,江西高速客运的迅速发展,令人瞩目。2002—2005 年,随着沪(上海)瑞(瑞丽)高速公路江西玉山梨园至温家圳段等一批高速公路与 105、319、206 国道、省道主干线的改扩工程竣工通车,江西省高速公路里程已达 1580 公里,"天"字形高速公路网络形成,并已成为道路旅客高速运输持续发展的广阔平台。截至 2005 年末,全省共开通高速客运路线 38 条,投入部颁高二级以上高档客车 129 辆,初步构成"以省会南昌为中心,省会通达设区市,设区市彼此畅通,连接省内重要县(市),辐射邻省中心城市"的 400 公里~500 公里当日往返高速客运经济圈。② 高速客运的发展,吸引了大批来赣旅游与投资创业的人士,为江西的经济发展做出巨大的贡献。高速客运使江西城际往来快捷化与便利化,方便人们出行,促进了城市经济往来。随着经济的快速发展,为了促进城市之间的经济和人员往来,国家加强高速公路网和城际高速公路网建设。"十一五"期间,交通部将着手组织实施国家高速公路网规划,至 2010 年,新建高速公路 2.4 万公里以上,总里程达到 6.5 万公里。东部地区基本形成高速公路网,长江三角洲、珠江三角洲和京津冀地区形成较完善的城际高速公路网,国家高速公路

---

① 《山西省道路运输管理志》编委会.山西省道路运输管理志[M].北京:人民交通出版社,2010:54.

② 江西省交通史志编委会.江西省交通志:1991—2005[M].北京:人民交通出版社,2010:305.

网骨架基本形成。① 统计显示,2018 年末,全国公路总里程达到 485 万公里,是 1949 年的 60 倍。2018 年末,高速公路总里程 14.3 万公里,总里程居世界第一位。② 国家高速公路网和城际高速公路网形成,使城际间高速客运快速发展,城际往来更加快捷化与便利化。

二、城际铁路使城际往来快捷化与便利化

改革开放后,国民经济快速发展,科技水平不断提高,建设城际高速铁路逐步被提上日程。1990 年国务院批准时速 160 公里的广(州)深(圳)准高速铁路建设,把它作为我国发展城际高速铁路的"试验田"。"1994 年末,全长 147 公里的广(州)深(圳)铁路,经过近万名建设者 1000 多天艰苦奋战,将时速 80 公里加速为 160 公里,从而开始了我国铁路建设的新时代。"③随着市场经济体制逐步建立,铁路建设与时俱进,根据市场需求,国家把实施提速战略作为铁路深化改革的突破口,提高列车运行速度,改进列车服务,以满足多样化的社会需要。"1997 年 4 月 1 日,铁道部在京广、京沪、京哈三大干线实施客车提速,打破了我国铁路客车速度长期低水平徘徊的局面。1998 年 10 月 1 日,三大干线的快速列车最高运行速度达到 140 至 160公里,非提速区段快速列车达到 120 公里,广深线摆式列车最高时速达到200 公里。列车速度的提高,为开发客运新产品、提高客运质量创造了前提条件,使我国铁路焕发了生机。因为提速意味着旅客可以节省 30% ~50%的旅行时间。"④火车的提速为城际快速火车的发展提供了契机。"10 月 1

① 王政,欧阳洁."十一五"高速公路网骨架将建成二〇一〇年总里程将达六点五万公里[N]. 人民日报,2006 - 01 - 16.
② 新华社.高速铁路高速公路里程世界第一 中国交通 70 年大幅跃升[EB/OL].[2019 - 08 - 13]http://www.gov.cn/xinwen/2019 - 08/13/content_5421005.htm.
③ 徐尊六.中国铁路从这里加速[N]. 光明日报,1995 - 02 - 12.
④ 陆彩荣.自 1994 年开始,我国铁路连年亏损,然而近三年来,全国铁路客运总收入累计增加 189 亿元。这为全路提前一年实现三年扭亏任务作出重要贡献——铁路客运重振雄风[N]. 光明日报,1999 - 11 - 19.

日全国铁路将实施新的运行图:客运方面,较多地增开快速客车,合理加开'夕发朝至'客车,开行'朝发夕归'客车,在大城市间开行城际客车,适当开行短途客车,安排好旅游列车、假日列车、民工专列、球迷专列等特殊需求客车,组织好行包专列。"①京津地区走在了全国城际快速火车发展的前列。"在全路大规模调整运行图和列车全面提速中,十月一日起天津站将津京城际列车从四对增至十对,时间从一百零三分钟压缩至七十四分钟,并实行不同时段的峰谷票价,旅客可在站台、车上、通道买票。"②

进入 21 世纪,国民经济快速发展,城市化加快,城际人员往来频繁,这促发城际铁路从快速到高速的发展。首先,在东南沿海经济发达地区,城际铁路向多种轨道交通方式的方向发展。"珠江三角洲城际快速轨道交通网以广州(佛山)、深圳(香港)、珠海(澳门)为中心,以广(州)深(圳)、广(州)珠(海)经济带为主轴,形成'A'形结构,辐射到肇庆、江门、惠州、中山、东莞等市。初期建设的有近郊线广州至佛山,城际快速线南岗至东莞,直达快速线广州至深圳。规划方案采用了轻轨、直达快速线和准高速铁路等多种轨道交通方式,城际轨道将与原高速公路和高速铁路联成网,届时,整个珠江三角洲地区的交通线可形成'半小时生活圈'。"③

其次,"十五"期间,城际快速客运得到快速发展。"到 2005 年,我国将建成线路总长达到 1.4 万公里的铁路快速客运网。届时旅客乘坐火车,在主要干线城市间 500 公里范围内将朝发夕归;在 1200 至 1500 公里内,朝发夕至;在 2000 至 2500 公里内,24 小时能到达目的地。"④2003 年秦沈客运专线开通,这标志着中国第一条快速客运专线的正式运营。"专线从河北省秦皇岛市至辽宁省沈阳市,全长 404.64 公里,总投资 157 亿元。铁路于

---

① 周亮. 火车 10 月 1 日再次提速[N]. 光明日报, 1998－04－22.

② 张淑英,肖荻. 京津城际间列车增至十对[N]. 人民日报, 1998－10－01.

③ 赵京安. 构建"半小时生活圈"珠三角将建城际快速轨道交通[N]. 人民日报, 2001－07－01.

④ 江世杰,王政. "十五"将建铁路快速客运网·500 公里朝发夕归·1500 公里朝发夕至·2500 公里一日抵达[N]. 人民日报, 2001－01－02.

1999 年 8 月开工建设,今年 6 月修建完成。秦沈客运专线是一条以客运为主的双线电气化铁路,据铁路部门介绍,'秦沈客运专线'设计速度达 200 公里/小时(预留提高到 250 公里/小时的条件)。"[1]

再者,"十一五"期间,城际高铁得到快速发展,城际往来更加便捷。"十一五"期间,环渤海京津冀、长江三角洲和珠江三角洲地区成为我国区域经济发展最具活力的地区。为适应区域旅客运输需求快速增长的需要,加快区域经济一体化进程,建立区域城际轨道交通网被提上日程。环渤海京津冀地区率先在 2008 年开通了京津城际高速铁路,使城际往来开始真正进入快捷、便利化时代。"作为我国首条高标准高速铁路客运专线,京津城际铁路线路全长 120 公里,沿途设有北京南、亦庄、永乐、武清、天津 5 座车站,最小行车间隔 3 分钟,通车后运营时速为 300 公里,将实现北京天津之间 30 分钟通达。"[2]京津城际铁路有效地促进了京津城市经济发展,极大地改善了两地居民的生活质量。紧接着,武广郑西、沪宁等城际高速铁路相继投入运营,使我国高速铁路运营里程达 6920 公里。"沪宁城际高速铁路正式投入运营,我国新建高速铁路运营里程已达 4044 公里。其中,时速 350 公里的有 1995 公里,包括北京—天津、武汉—广州、郑州—西安、上海—南京高速铁路;时速 250 公里的有 2049 公里。截至目前,我国已投入运营的高速铁路(包括新建高速铁路和既有线提速达到时速 200～250 公里的线路)6920 公里。"[3]高铁技术的日臻成熟,规模的不断扩大,极大地便利了城际往来。

最后,步入"十二五"时期,城际高铁发展进入快车道,城际快速交通网络建设发展到高潮阶段。"十二五"时期,国家大力发展城际高铁,在《中华

---

① 姚剑锋. 设计速度达 200 公里/小时 我国第一条快速客运专线铁路开通[N]. 人民日报,2003－10－13.

② 陆娅楠. 在 6 月 24 日的测试中,京津城际列车时速突破 394 公里,创造了我国轨道交通史上的新纪录——从北京到天津 25 分 20 秒[N]. 人民日报,2008－06－26.

③ 沈文敏,陆娅楠,申琳. 沪宁城际高铁开通运营 我国高铁运营里程达 6920 公里[N]. 人民日报,2010－07－02.

人民共和国国民经济和社会发展第十二个五年规划纲要》中指出:"适应城市群发展需要,以轨道交通和高速公路为骨干,以国省干线公路为补充,推进城市群内多层次城际快速交通网络建设。建成京津冀、长江三角洲、珠江三角洲三大城市群城际交通网络,推进重点开发区域城市群的城际干线建设。"①广深港高铁开通运行,见证了城际快速交通网络建设的高潮。"广深港高铁建成后,再加上以后建成的厦深高铁,接合两'纵'(京港客运专线、东南沿海客运专线)、连通三'纵'(京港、东南、京沪)的深圳将作为一个重要的铁路交通枢纽,串连起'珠三角','长三角'和京津地区这三个中国经济发展的主要'增长极',成就一个资源自由流通的大循环。"②2019 年底,随着郑渝高铁郑襄段、成贵高铁、郑阜高铁、汉十高铁、日兰高铁日曲段等13 条新线陆续开通,我国高铁建设的步伐又迈向了新的时代。我国每 3 位铁路出行旅客中,就有 2 位选择高铁,可见高铁对人们生活出行的重要性。

三、城际公交和城际地铁为城际往来便捷化注入了活力

首先,城市公交使城际往来日益便捷。21 世纪以来,区域经济发展迅速,在以省会为中心的区域经济发展中,城市一体化、同城化的步伐加快。城市一体化客观上要求公交线路不断延伸,原本单一用于城区内居民出行的公交车在性能上也无法满足新的要求。于是,城际公交应运而生。郑开城际公交就是典型例子。"2006 年 11 月 19 日,郑汴城市连接线——郑开大道正式通车,郑汴城际公交同时开通,沿路的公交站牌和规范化的城市公交运行机制等开国内交通先河,说明它虽横跨两个城市、三个区(县),但它是

① 新华社. 中华人民共和国国民经济和社会发展第十二个五年规划纲要 2011 年 3 月 14 日第十一届全国人民代表大会第四次会议批准[N]. 人民日报,2011 – 03 – 17.

② 吕绍刚,李刚. 广深港高铁广深段开通运行 可与武广高铁、广珠城际铁路无缝换乘[N]. 人民日报,2011 – 12 – 27.

一条真正的城市道路。"①郑开城际公交加强了郑州和开封城际往来,是中原城市群一体化新的标志。同样,城市之间开通公交车是辽宁中部城市群一体化的重要举措。沈阳抚顺城际客运公交线路使沈阳抚顺迈向同城化。2018年6月,山东济宁市城际公交覆盖所有县市区,全部实现扫码支付。从2013年开始,济宁用5年时间完成济宁城际公交全域贯通,县县通公交;10年时间在济宁所辖9县市区完成城乡公交一体化改造,搭架起济宁中心城区至各县城、乡镇、村庄四级公交网络,成为全市大公交体系建设的生力军和主力军。济宁交运集团在城际公交、城乡公交一体化发展方面走在了山东省乃至全国前列。② 2019年6月,白山至通化城际公交投入运营,这标志着吉林全省首条城际公交线路正式开通。该城际公交线路的开通运营,将切实提高沿线群众的出行效率,有效降低群众的出行成本,进一步改善出行乘车舒适条件,极大促进白山和通化两市的经贸交流和人员往来,有效促进两地的经济社会快速发展。

其次,城际地铁使城际往来更加便捷。随着城市化的发展,城市群不断涌现。区域经济一体化发展,使城市群向同城化方向发展。城际地铁是城市群向同城化方向发展的有力推手。广佛城际地铁推动"广佛同城化"是一个例证。"中国第一条地下城际轨道交通线——广佛线将于11月3日开通。广佛线于2002年10月开工,总长21公里,共设14座车站,其中佛山境内设11座,广州境内3座。广佛线和广州地铁线网之间采取一票通行制,换乘无须出站,无须换票,广州和佛山公交卡实行互联互通,享受同等优惠。"③广佛线是我国第一条全地下的城际轨道交通线路,线路沿城际和城市内主要交通走廊布设,起到将佛山、南海中心区与广州市城市中心直接连接的作用。广佛地铁于2010年11月3日开通运营一期首通段(魁奇路站

① 刘先琴. 郑州开封一体化——两座千年古都的现代融合之梦[N]. 光明日报,2007 – 08 – 30.

② 周明建. 济宁城际公交:覆盖所有县市区 全部实现扫码支付[N]. 中国交通报,2018 – 06 – 29.

③ 陈晔华. 试乘首条城际地铁[N]. 人民日报,2010 – 10 – 29.

至西塱站),广佛地铁的发展历史,其实是广佛同城的缩影。广佛地铁开通这十年,客流变化显著。广佛地铁开通之初,日均客流不足 10 万;2015 年底西塱至燕岗段开通前,日均客流达 16 万;西塱至燕岗段开通后,日均客流达 23 万;2018 年底全线开通后,日均客流很快就突破了 50 万,到目前已近 60 万的客流。伴随客流量的增大,广佛地铁不断缩短发车时间。目前广佛地铁发车时间已从开通之初的 8 分 30 秒缩短至目前高峰时段 3 分 35 秒。①

第三节　民众出行方式的多样化

改革开放后,随着交通事业迅速发展,民众的出行方式发生了很大变化,日益多样化。计划经济时代,民众公共交通出行,乘公共电(汽)车、汽车和火车等交通工具,如今出现了各式各样的公共汽车、出租车、豪华大巴、双层巴士、高速列车等交通工具,大大方便了人们的日常生活。民众私人出行由骑自行车向骑摩托车、电动自行车转变,越来越多的私家小汽车开进了寻常百姓家。普通百姓如今出行,想坐什么车就坐什么车,出省、出国旅游,来回双飞再也不是什么稀奇事了。

一、公共出行方式的多样化

改革开放前,民众近距离公共交通出行,在城市,主要是乘公共汽电车出行,在农村,主要是乘农村班车。民众远距离公共交通出行,主要是乘汽车,部分人乘火车或轮船,极少数人乘飞机。

改革开放后公共交通出行方式多样化。首先,近距离城市公共交通出行的多样化。改革开放以来,随着经济的快速发展,国家非常重视城市公共

---

① 交通引领城市发展,十年前广佛地铁率先探路 TOD[EB/OL].[2020 - 07 - 20]. http://www.mot.gov.cn/difangxinwen/xxlb_fabu/fbpd_guangdong/202007/t20200720_3435209.html.

交通建设,2004 年全国城市交通工作会议提出,优先发展公共交通,这促进了城市公共交通的发展。2006 年"十一五"规划纲要提出:"优先发展公共交通,完善城市路网结构和公共交通场站,有条件的大城市和城市群地区要把轨道交通作为优先领域,超前规划,适时建设。积极发展出租车业。"①经过五年的建设,到 2011 年我国基本形成以大运量快速交通为骨干,常规公共汽电车为主体,出租汽车等其他公共交通方式为补充的城市公共交通体系。以武汉为例,到 2018 年 10 月城市公共交通基本形成了以轨道交通为骨干、常规交通为主体,有轨电车、BRT、水上轮渡等多种交通方式于一体的城市公共交通体系,实现轨道网、公交网、慢行网"三网合一"。截至目前,全市轨道交通线路 10 条,运营里程 288 公里,日均客流量 320 万人次;常规公交线路 519 条,日均运送客流 410 万人次;公交站点 500 米线网覆盖率100%;万人公交车保有量 24.7 标台;机动化出行分担率达到 61%。② 这样,在城市,民众近距离出行方式已由主要乘公共汽电车,变为乘坐地铁、出租车、普通公交和快速公交。城市公共交通出行的多样化,方便了市民出行。

其次,农村公共交通出行逐步走向多样化。农村走在了改革开放的前列,随着农村经济的发展,农民乘公共交通出行的状况也发生了巨大变化。以湖南为例,"增加运输能力,增开农村客运线路和班次。到 1984 年 3 月底止,全省已新增客车 148 辆;在原有 2,290 条线路的基础上,已增加 90 条农村客运线路,其中打破地区界限新开跨区长途直达线路 26 条;新开 3,580个班次,平均每站距离已由原来的近 5 公里缩短到 4 公里,方便了农民乘车"③。北京市张屿村民众出行方式的变迁也透视出农民乘公共交通出行状

①　新华社. 中华人民共和国国民经济和社会发展第十一个五年规划纲要 2006 年 3 月 14 日第十届全国人民代表大会第四次会议批准[N]. 人民日报,2006 - 03 - 17.

②　高进华出席武汉市公交都市验收会[EB/OL]. [2018 - 10 - 26]. http://www.mot.gov.cn/difangxinwen/xxlb_fabu/fbpd_hubei/201810/t20181026_3106711.html.

③　姚跃,刘光辉. 湖南汽车运输管理局方便农民 千方百计增开客运车[N]. 人民日报,1984 - 03 - 31.

况的变化。70 年代末 80 年代初,村委会经过分析,认为解决当地百姓出行问题既是一件好事,又蕴藏着商机,曾设想集体出资购买中巴跑房山和北京,因条件限制未果。后来,本村和附近村民看到了这个商机,纷纷购买中巴搞起客运生意,进一步方便了村民出行。人们串亲访友,进县城,多数情况下坐长途公交车或者是个体中巴。进入新世纪,国家重视城乡协调发展,大力进行农村公路建设,促进了农村客运的发展。"'十一五'期间,我国新改建农村公路 186.8 万公里,新增农村公路 52.7 万公里,全国农村公路总里程达到 345 万公里。全国农村公路乡镇的通达率基本上达到百分之百,行政村的农村公路通达率达到了 98% 。……在发展农村公路的同时,农村客运也在飞速发展。现在农村客运通村率达到 88.5% ,行政村通车率达到97.8% 。"①党的十八大以来,农村公路建设加快,农村客运快速发展。仅2019 年就新改建农村公路 29 万公里,实施"畅返不畅"整治工程 7.9 万公里,农村公路实现通村畅乡。新增通客车建制村超过 9400 个,其中贫困地区超过 5800 个,24 个省份实现所有具备条件的乡镇、建制村通客车。②"村村通"客运,活跃了农村经济,方便了农民出行。这样,农民乘公共交通出行难的问题,得到了彻底解决。

最后,改革开放后,民众远距离出行的交通方式多样化。改革开放以来,政府进行了大规模的交通运输网络建设,基本形成以铁路为骨干,公路、水运和民用航空组成的综合运输网。"2000 年底,我国铁路营业里程达到6.86 万公里,居世界第三位,相当于绕地球一圈半还多。比 1949 年的 2.18万公里,增长 2.1 倍。……2000 年底,公路里程由 1949 年的 8.07 万公里增至 140.3 万公里,增长 16.4 倍……到 2000 年底,高速公路通车里程已达1.6 万公里,相当于从北京到纽约距离的 1.4 倍。内河航道经过疏浚,通航

---

① 陆娅楠. 国新办发布会详解春运特点 马力开足,应对客运高峰[N]. 人民日报,2011 - 01 - 31.

② 努力建设人民满意交通为社会主义现代化强国建设当好先行官[EB/OL]. [2019 - 12 - 30]. http://www. mot. gov. cn/zhuanti/2020jiaotongyunshugongzuo _ HY/2020meitibaodao/201912/t20191230_3417074. html.

条件大大改善,通航里程由 1949 年的 7.36 万公里增长到 2000 年的 11.93 万公里。民用航空是中国发展最快的运输方式,到 2000 年底,民用航空开通了 1165 条国际国内航线,构成了四通八达的蓝天运输网。"①进入 21 世纪后,中国高速铁路发展异军突起。2019 年我国高铁总里程突破 3.5 万公里,其中新增高铁运营里程达 5000 多公里,居世界第一位。

交通运输业的大发展,使民众远距离出行公共交通方式多样化,由乘坐汽车和轮船等变为乘坐高铁、高速大巴、飞机和豪华轮船。民众出行更加便利、舒适、快捷,不再受出行之苦,能尽情享受旅行之乐。以江苏省镇江市丹徒区上党镇为例,"跨越 21 世纪,人们生活水平不断提升和充裕,有许多老人乘火车坐飞机到北京、香港、澳门、台湾等各大旅游景点观赏祖国的大好河山及壮丽景物,尽情享受人生晚年的幸福生活"②。

二、私人出行方式的多样化

改革开放以来,随着经济的快速发展,科学技术水平的提高和汽车制造业的进步,私人出行的代步工具逐渐变得多样化。首先是我国摩托车生产的大发展,骑摩托车出行成为时尚。"我国摩托车工业的发展近十几年有如摩托车车速般风驰电掣。目前年产量已由 1980 年的 4.9 万辆发展为 1996 年的 929.5 万辆,从而成为世界第一大摩托车生产国与消费国。"③我国摩托车生产的大发展,骑摩托车出行成为 20 世纪 90 年代的时尚。以广西南宁为例,"在广西南宁市,有一个在北方城市所鲜见的景观,就是大街小巷上的摩托车流。市委副书记李先明告诉记者:常住人口 76 万的南宁市现已拥有摩托车 10 万多辆,人均拥有量在全国大中城市中名列前茅"④。

---

① 新华社. 四通八达的运输网初步形成[N]. 人民日报,2001 – 07 – 01.
② 镇江市丹徒区上党镇地方志办公室,编印. 上党镇志[M]. 2009:283.
③ 易华. 生产供过于求产品出口乏力摩托车工业治散治乱势在必行[N]. 人民日报,1997 – 05 – 12.
④ 袁祥. 邕城摩托车逾十万辆[N]. 光明日报,1995 – 04 – 29.

其次,电动自行车生产异军突起,成为 21 世纪城市的主要代步工具。"随着我国最大的 12 万辆电动自行车生产线在成都开始投产,电动自行车在我国能否部分取代汽车又成为一个议论的热点。……有专家认为,电动自行车必将成为我国下个世纪城市的主要代步工具,目前我国的上海、天津、台湾等地区,电动车的开发、生产进展很快,成都更是已将电动自行车列入支柱产业发展行列。"①到 2003 年,电动自行车开始快速发展。"目前全国主要电动车企业有近 200 家,年产值在 15 亿元以上,预计今年销量接近 300 万辆。"②至 2006 年底,全国电动自行车保有量已达 5600 万辆。随着我国电动自行车行业的稳步发展,电动自行车保有量稳步上升。截至 2018 年末,我国电动自行车社会保有量已超过 2.5 亿辆。

再者,家用汽车的快速发展,自驾出行日益普遍。为了满足国内市场的需要,国家支持家用汽车的发展。"国家引导汽车工业企业充分运用国内外资金,努力扩展和开拓国内国际市场,采取大批量多品种生产方式发展。2000 年汽车总产量要满足国内市场百分之九十以上的需要,轿车产量要达到总产量一半以上,并基本满足进入家庭的需要。"③进入新世纪以来,我国汽车保有量快速增长。据统计,自 2003 年到 2013 年,全国民用汽车拥有量从 2380 万辆增长到 1.37 亿辆,其中小客车(家用汽车)已经突破 1 亿辆,城镇家庭每百户家用汽车拥有量从 1.4 辆增长到 21.5 辆,全国千人汽车保有量从 18 辆跃升到 98 辆,我国已进入汽车社会。④ 汽车逐渐走入寻常百姓家。

经过改革开放四十多年的发展,民众私人出行由骑自行车向骑摩托车、

---

① 金振蓉. 电动自行车能否异军突起[N]. 光明日报,1998 - 05 - 26.

② 章苒,崔砺金. 各大城市频频下发禁令 电动自行车还能行多远[N]. 人民日报,2003 - 08 - 01.

③ 新华社. 汽车工业产业政策(国家计划委员会 一九九四年二月十九日)[N]. 人民日报,1994 - 07 - 04.

④ 刘小明. 改革创新,推动维修行业转型升级 全力服务人民群众高品质汽车生活——全国机动车维修工作会议工作报告[EB/OL]. [2014 - 09 - 22]. http://xxgk. mot. gov. cn/2020/jigou/ysf-ws/202006/t20200623_3315157. html.

电动自行车和乘私家车转变,私人出行方式日益多样化、舒适化、便捷化。张坊村人的出行体现了这一时代的变迁。进入 21 世纪,村里大约 15% 的家庭购买了小轿车、面包车或农用小卡车。30% 的家庭购买了电动自行车。张坊村人的出行,出现了三种情况,一是乘公交车出行,约占 80%;二是乘私家车出行,约占 15%;三是乘电动车出行,约占 5%。而完全靠步行者为零。

第四节　民众出行方式的低碳化

低碳出行指在出行中,主动采用能降低二氧化碳排放量的交通方式。低碳出行,是一种低碳生活方式,逐渐成为我国新时期经济社会可持续发展的重要经济战略之一。从步行,骑自行车、摩托车,到坐汽车特别是小轿车,人们出行方式的变迁,标志着经济不断发展,生活由穷变富。但城市汽车保有量的急剧增加,导致交通拥堵成了家常便饭;汽车排放的大量尾气,使空气变得污浊,还增加了热岛效应,贻害多多。在此背景下,倡导低碳出行,无疑是一种对文明、有序交通的理性回归,也是减少环境污染的科学发展之道。

一、低碳出行是社会发展的必然要求

随着工业化、城镇化加速推进,我国资源环境压力日益加大。交通是现代社会的动脉,也是影响资源环境的重要因素。"交通工具产生的环境污染主要包括尾气排放、车辆噪声、震动干扰等,其中汽车尾气排放是造成气候和环境问题的一个重要因素。目前,我国汽车尾气已经取代工业生产成为城市废气的首要来源;城市主要道路两侧的噪声污染不断加剧,全国 80% 以上大城市交通干线噪声超标。"①促进低碳发展,是缓解资源环境压力、提高发展质量和效益的新方向。"转变生活方式也摆在我们每个人面前。这是生态文明建设的必然要求。我们要大力倡导绿色低碳出行,践行'光盘行动',引导规范绿色产品生产,畅通绿色产品流通渠道,引导消费者购买节能环保低碳产品、节能环保型汽车和节能省地型住宅,减少使用一次性用品,限制过度包装,真正推动消费方式的转变。"②

二、民众出行日益低碳化

(一)优先发展公共交通使民众出行趋于低碳化

从 21 世纪初开始,随着经济的飞速发展,特别是汽车工业的跨越式发展,中国已进入汽车时代。截至 2011 年 6 月底,"全国汽车保有量 9846 万辆,其中北京达到 464 万辆,深圳、上海、成都、天津等 10 个城市的汽车保有量也超过 100 万辆;全国私家车保有量达 7206 万辆,占汽车保有量的73.2%"③。对于普通百姓来说,拥有私家车几乎如同过去拥有自行车一样平常了,但任何事物都是有利有弊的。汽车在给城市居民的出行带来方便快捷的同时,也给城市的交通、空气、能源、资源等带来了巨大压力。在低碳环保日益受到重视的今天,这个问题不仅引起了政府的关注,也引起了许多市民的关注。于是,越来越多的人呼吁,优先发展公共交通,低碳出行。《2015 年中国机动车污染防治年报》显示,全国机动车每年排放污染物4500 多万吨。"加快推进生态文明建设,要求城市交通发展必须走以公共交通为主体的集约化发展道路,大力发展低碳、高效、大容量的公共交通系统,加快推广新技术和新能源装备,倡导绿色出行,优化城市交通出行结

① 段斐钦,杨莹. 发展轨道交通 促进低碳发展[N]. 人民日报,2010 - 05 - 20.
② 解振华. 绿色发展:实现"中国梦"的重要保障[N]. 光明日报,2013 - 04 - 15.
③ 刘建华. 让自行车回归城市[N]. 人民日报,2011 - 09 - 06.

构。"①

（二）发展轨道交通促进民众出行低碳化

轨道交通是具有环保、节能优势的低碳交通。"轨道交通工具一般依靠电力牵引，基本没有粉尘、油烟和其他废气排放；轨道交通具有在地下运行、车流密度低、昼行夜停等特点，对声环境的影响较小。……大规模使用公共轨道交通，能够通过优化交通结构降低能源消耗。同时，轨道交通在能源技术上具有可替代性的优势。公路、航空等传统交通方式主要依靠石油作为能源，化石燃料不可再生与消耗不断增长之间的矛盾日益突出。轨道交通以电气化技术为发展方向，水电、核电、风电等都可以为其提供动力。"②以轨道交通作为公共出行方式、以可再生能源作为动力支持，有利于发展新能源，降低对石油资源的依赖，这是促进低碳发展的重要模式。因此，大力发展轨道交通，提高以高速铁路、城市地铁和轻轨为代表的新型轨道交通在交通体系中的地位和作用，是促进低碳出行的有效途径。

（三）自行车的回归使民众出行日益低碳化

20 世纪 70 至 90 年代，中国以"自行车王国"闻名于世。那时骑车人浩浩荡荡沿街而行的情景，很多人至今记忆犹新。随着经济发展，城市扩大，汽车越来越多、马路越修越宽，自行车道越来越窄，以至于自行车越来越少。目前在城市里，骑自行车的人不得不在奔驰的汽车洪流夹缝中，左顾右望、小心翼翼地前行。我国人口众多，用于道路建设的土地资源非常有限，能源和水资源也极为短缺。在中短途交通方面，自行车是最节约、最环保、最方便的低碳交通工具。"其实，在日常生活中，如果距离不是特别远，骑自行车往往更加便捷，例如上下班、购物等。骑车虽然不够气派，但也不必像开汽

---

① 刘小明党组成员在公交都市创建中期推进会上的讲话[EB/OL]. [2015 - 12 - 20]. ht-tp://xxgk. mot. gov. cn/2020/jigou/ysfws/202006/t20200623_3315234. html.

② 段斐钦，杨莹. 发展轨道交通 促进低碳发展[N]. 人民日报，2010 - 05 - 20.

车那样因停车、堵车、等车而心烦。同时,骑车有利于节约能源,还能减少污染,更有益于身体健康,减少颈椎、腰椎等慢性疾病的发生。"①因此,骑自行车不仅是一种很好的交通方式,更是一种益处颇多的健身方式,何乐而不为呢?

然而,过去的十多年,我国汽车工业处于大发展时期,许多城市的管理者在交通规划、建设、管理中奉行的是"以车为本"的理念,无论对老街道的改造还是新修建道路,优先考虑的都是如何保障汽车的顺畅行驶,尽量让自行车道和人行道让位于机动车道。有的城市甚至为了让自行车这种"落后"的交通工具尽早淘汰,干脆取缔了自行车道。着眼于城市的长远、科学发展和广大人民群众的健康、环境的保护,给自行车道让出更多的空间,让自行车回归城市,是正确的选择。"作为人口大国的中国,理当更新观念,把以人为本、绿色出行作为城市道路交通发展、管理的指导思想,尤其在大城市,要倡导'地铁、公交+自行车'的出行模式,在大力发展公共交通,提高其准时、快捷、安全、舒适的同时,实施自行车交通区域化,解决居民出行'最后一公里'换乘的问题。对自行车交通,我们不但不应限制、挤压,反而应将其优势和潜力充分发挥出来,为骑车人提供更便捷、完善、安全的道路交通环境与管理服务。"②为了加强城市步行和自行车交通系统建设,2012年我国出台《关于加强城市步行和自行车交通系统建设的指导意见》指出:"大城市、特大城市发展步行和自行车交通,重点是解决中短距离出行和与公共交通的接驳换乘;中小城市要将步行和自行车交通作为主要交通方式予以重点发展。到2015年,城市步行和自行车出行环境明显改善,步行和自行车出行分担率逐步提高。市区人口在1000万以上的城市,步行和自行车出行分担率达到45%以上。"③随着城市步行和自行车交通系统建设的加强,民众

---

① 张杰. 自行车出行更环保[N]. 人民日报. 2010 - 03 - 16.

② 刘建华. 让自行车回归城市[N]. 人民日报, 2011 - 09 - 06.

③ 住房城乡建设部 发展改革委 财政部关于加强城市步行和自行车交通系统建设的指导意见[EB/OL]. [2012 - 09 - 05]. http://www. mohurd. gov. cn/wjfb201209/t20120917_211404. html.

低碳出行理念的提高,骑自行车和步行出行日益重新成为一种时尚。

共享单车推动了自行车的回归。共享单车是指企业在校园、地铁站点、公交站点、居民区、商业区、公共服务区等提供自行车单车共享服务,采用分时租赁模式。共享单车是一种新型的交通工具租赁业务——自行车租赁业务,其主要依靠载体为(单车)自行车。它可以充分利用城市因经济的快速发展而带来的自行车出行萎靡状况;最大化地利用了公共道路通过率,符合低碳出行理念。2007年,由国外兴起的公共单车模式开始引进国内,由政府主导分城市管理,这些单车多为有桩单车。2010年,专门经营单车的企业开始出现,但公共单车仍以有桩单车为主。2014年,随着移动互联网的快速发展,互联网共享单车应运而生,更加便捷的无桩单车开始取代有桩单车。与"有桩"的公共自行车相比,这种随时取用和停车的"无桩"理念给市民带来了极大便利的同时,也导致"小红车"和"小黄车"的"乱占道"现象更加普遍,对城市空间管理和城市美化带来影响。2017年8月,经国务院同意,交通运输部、中央宣传部、中央网信办、国家发展改革委、工业和信息化部、公安部、住房和城乡建设部、人民银行、质检总局、国家旅游局等10部门联合出台了《关于鼓励和规范互联网租赁自行车发展的指导意见》。针对车辆投放问题,《指导意见》提出要引导有序投放车辆,根据城市特点、发展实际等因素研究建立车辆投放机制,引导企业合理有序投放车辆。不鼓励发展互联网租赁电动自行车。

(四)城市的绿道建设让民众愉悦地低碳出行

"十一五"期间,党中央提出城市的发展,应从工业型城市向宜居型城市转变。全国各地结合本地情况,在城市发展定位上,努力打造"养眼、养身、养心"的宜居城市,着力提高城市品位来提升城市核心竞争力。其中,东南沿海城市的绿道建设,成为建设宜居城市的名片,民众愉悦地低碳出行。珠江三角洲一些城市加强绿道建设,沿海滨、溪谷修建了可供人们步行、骑自行车并行的景观线路,将山景、海景串联贯通,使人们享受到低碳出行的愉悦。在绿色慢道休闲系统建设方面,海口市走在了全国前列。"海口市从2010年开始绿色慢道休闲系统建设,到去年5月,总长100公里的一期工程建成并投入使用,为市民、游客低碳出行,开展户外休闲运动,提供了新的空间,使海口旅游业向休闲化、生态化、国际化方向迈出了重要一步,并带动了琼北地区休闲旅游发展。"①现在,骑上一辆自行车,就能访山探海,这是海口绿道慢行独有的魅力。为倡导健康出行,自2014年以来,株洲积极开展全民健康生活、绿色生活的环境建设,开展全民健康生活方式"健康社区""健康单位""健康一条街"等创建活动,推进全民健康生活方式。为营造绿色、休闲的出行空间,更好地服务"绿色株洲"建设,株洲市构建四横五纵的绿道网络,利用湘江水系优势和湘江风光带,打造湘江沿岸绿色慢行步道和自行车道。② 城市绿道慢跑、水上栈道观鱼、闲看潮起潮落,正在走进越来越多人的生活之中。目前,北京西南二环水系步道连通及河道设施改造提升一期工程已经完工,全长28.5公里。工程通过设置导行系统、铺设下凹式步道、栈桥和改造护岸等方式,基本实现了全线滨河步道的连通,市民可从颐和园团城湖到东便门"一走到底"。今后,北京将在市区内40条主要河流、长度496.1公里范围内,规划新建自行车道989.5公里、步行道580.1公里,打造"一环两轴六带多廊"的滨水慢行空间结构,进一步满足市民健身、通勤和交通需求。③

(五)共享汽车助推绿色出行

汽车共享,是指许多人合用一辆车,即开车人对车辆只有使用权,而没有所有权,有点类似于在租车行里短时间包车。它手续简便,打个电话或通

① 王晓樱,魏月蘅.海口打造"四宜""三养"之城[N].光明日报,2012-08-07.
② 湖南省交通运输厅.株洲市聚焦"四位一体"全力打造"公交优先"株洲样本[EB/OL].[2020-10-23].http://www.mot.gov.cn/difangxinwen/xxlb_fabu/fbpd_hunan/202010/t20201026_3479964.html.
③ "慢"步北京舒畅快[EB/OL].[2020-09-25].http://www.mot.gov.cn/jiaotongyaowen/202009/t20200925_3470241.html.

过上网就可以预约订车。汽车共享一般是通过某个公司来协调车辆,并负责车辆的保险和停放等问题。这种方式不仅可以省钱,而且有助于缓解交通堵塞,以及公路的磨损,减少空气污染,降低对能量的依赖性,发展前景极为广阔。随着移动互联网的广泛应用以及新能源汽车的全面推广,共享汽车在北京、上海、广州、成都等地迅速兴起。据交通运输部统计,截至2017年6月1日,"全国有6301家汽车租赁业户,租赁车辆总数约20万辆,市场规模以每年20%左右的速度增长。据了解,目前分时租赁企业40余家,车辆总数超过4万辆,95%以上为新能源车辆"①。共享汽车作为一种新兴的交通出行模式,为人们的生活带来了便捷。一方面,共享汽车主要为新能源车辆,有助于打造绿色出行,减少城市空气污染;另一方面,作为一种交通接驳工具,共享汽车通过与其他集约化的公共交通出行形成良性组合,有助于减少小汽车的购买和使用,提高交通出行整体的便捷性和出行效率。为加快推进海南省交通运输生态文明建设,促进绿色出行与共享经济协同发展,2019年12月经海南省政府同意,海南省交通运输厅联合海南省发展和改革委员会、海南省自然资源与规划厅等十一部门印发了《海南省共享出行试点实施方案(2019—2025年)》,探索海南省共享经济发展新模式在网络预约出租汽车、汽车分时租赁、互联网租赁自行车等出行服务领域开展试点示范建设,构建便捷高效、安全绿色的出行体系。根据方案,到2022年,海南省将建成基础设施逐步完善,充电桩、停车场地等布局和建设基本适应发展需求的共享出行体系,全省电动汽车与公共充电桩比例达8∶1,投放分时租赁汽车(共享汽车)达到6000辆,"一点租多点还"出行服务体系初具规模,市场秩序得到规范;新能源和清洁能源车辆得到推广应用,投放的网络预约出租汽车(网约车)、共享汽车清洁能源化比例分别达60%、100%;互联网

---

① 冯蕾.鼓励汽车共享 实行停车优惠[EB/OL].[2017 – 06 – 02].http://news.gmw.cn/2017 – 06/02/content_24671246.htm.

租赁自行车(共享单车)在解决城市交通出行"最后一公里"的地位更加凸显。① 共享经济的快速普及以及人们高速增长的用车需求,意味着共享汽车在中国还会有更大的增长空间。

第五节 私人汽车的迅猛发展

私人汽车是指私人自己购买,拥有使用支配权的,在不违法的情况下可以自由使用支配的汽车。改革开放以来,随着经济的快速发展,人们生活水平提高,家庭购车已成为一种潮流。"旧时王谢堂前燕,飞入寻常百姓家。"车,已成为中国普通百姓的代步工具;车,改变着中国人的经济社会生活。私人汽车的迅速普及,大大改善了国人的生活方式,提高了生活质量和交通效率,促进了钢铁、石化、电子、化工和旅游等相关产业的发展。

一、1978 年至 20 世纪末私人汽车行业起步并发展

新中国"一五"计划的工业蓝图里,汽车工业占有重要一席。随后的几年时间里,中国的汽车工业也曾快速前行,但一直到改革开放前还很落后。"到 1978 年,资金短缺,技术落后,产品换型极慢,制造能力极弱,卡车缺重型车、少轻型车,轿车几乎空白,零部件基础薄弱,生产布局散、乱、差……中国汽车工业陷入严重的困局。当时,中国汽车年产量不到 15 万辆。其中,轿车不到 3000 辆,全国民用汽车拥有总量不足 136 万辆,占世界汽车总量的比例为 3.5‰,还不到美国的 1%。"②而且当时在中国,汽车一直被作为重要生产资料管理,是以团体使用为主的生产工作工具,我国私人汽车数量几乎为零。

---

① 海南印发方案推动共享出行试点[EB/OL]. [2019 - 12 - 25]. http://www.mot.gov.cn/difangxinwen/xxlb_fabu/fbpd_hainan/201912/t20191226_3387758.html.

② 张翼. 60 年:"汽车大国"梦圆[N]. 光明日报,2013 - 07 - 04.

改革开放使私人汽车行业起步并发展。首先,20 世纪 80 年代,城市改革使私人汽车行业起步。为了解决温饱问题,我国经济体制改革率先在农村展开。农村经济体制改革的成功,促进了城市的改革,1984 年以后,城市经济体制改革全面展开。随着城市经济体制改革的不断深入,私人汽车行业开始起步。"自元旦以来,上海市区出现六辆私人小轿车,有的用于开展个体出租汽车业务,有的用于上下班,以及便利家庭生活。此外,还有用于客货运输的一辆私人大客车和三十几辆货运汽车。"①上海私人汽车的出现,有利于活跃上海城乡经济,方便人民生活。到 1986 年,我国私人汽车接近三十万辆。"有关部门统计,中国私人拥有汽车已达二十九万多辆,其中百分之九十五都是货车。一九八二年以前,中国基本上没有私人货车。"②20 世纪 80 年代,私人汽车行业虽然已经起步,但是由于改革开放之初,人们并不富裕,家庭消费主要指向衣食,私人汽车发展滞缓且主要是私人货车,私人小轿车数量很少。

其次,20 世纪 90 年代初,经济发展和人民收入提高使私人汽车兴起。20 世纪 90 年代初,随着国民经济的发展和人们收入的大幅度提高,行走消费和居住消费所占比重越来越大;人们的消费观念和消费习惯也正在改变:坐轿车不再是一种奢侈的消费,汽车对创造社会效益和加快生活节奏有着重要的意义。因此,有相当一部分家庭已把购车列为奋斗目标,这促进了私人汽车行业的兴起。到 1992 年全国私人汽车拥有量已超过一百万辆。

再者,1997 年开始,我国开始进入私家车消费时代,私人汽车得以发展。随着我国汽车工业的迅速发展,市政道路建设的不断完善,居民收入水平显著提高,1997 年私家车消费时代揭开序幕。"随着我国经济持续快速发展,现阶段 53% 的小康家庭在 5—10 年的时间生活质量逐步提高进入富裕型之后,家庭消费也会指向汽车、住宅等高档次消费。城市居民家庭的富

---

① 谢军. 活跃城乡经济　方便人民生活 上海街头出现首批私人汽车:附编后[N]. 光明日报, 1985 – 01 – 27.

② 我国有私人汽车二十九万多辆[N]. 光明日报,1986 – 07 – 08.

裕型、小康型、温饱型在经济的持续发展中,也会形成巨大的私人购车递进阶梯型现实购买力和潜在购买力。"①20 世纪末,分期付款的销售方式无疑是汽车消费的一场革命,激发了以家庭为主的私人购车热情,使我国的汽车消费由公款消费转向私人消费。"九五"期间,国内市场汽车消费结构也发生了变化,由集团公款消费逐步转化为多元化消费,特别是经济型轿车的家庭消费。1992 年—1998 年,国内私人汽车的拥有量由 49.96 万辆,增长到423.65 万辆,年均增长 23.16%,其中客车增长了 34.02%。这一转化,回过头来又促进了企业经济型轿车的开发和生产。目前,国内企业竞相推出了价格在 10 万元左右的家庭轿车。在生产规模逐渐扩大之后,中档轿车也纷纷降价,以适应市场要求。② 新的道路和车辆收费体制改革方案的宗旨是提高税收比重,大幅度减少收费的比重。《规范道路和车辆收费管理的改革实施方案(草案)》中,国务院提出拟从 1999 年 1 月 1 日起开征燃油税,取代公路养路费、公路客运附加费和公路运输管理费等收费项目;开征车辆购置税,取代车辆购置附加费。改革后的道路和车辆收费体现了"多行路多付费"的公平原则,私人汽车费用负担大大降低,为私人购车清除了重大障碍,促进私人的汽车购买力转化为购买行为,鼓励私人购买耗油少、经济型汽车。

二、21 世纪以来私人汽车行业迅猛发展

国家重视汽车行业,私人汽车行业快速发展。国家"十五"计划纲要首次提出:鼓励汽车进入家庭。"汽车梦"不再是富人的专利,拥有汽车对于许多中国家庭来说已经不再是奢望。汽车大规模进入寻常百姓家,街头巷尾,各式各样的私家车已成为都市靓丽的风景线。小汽车出行比例持续攀高。

---

① 杨敏生. 私人购车步伐加快[N]. 光明日报,1999 - 01 - 11.
② 周立文. 中国汽车驶入快车道[N]. 光明日报,2000 - 10 - 13.

以北京市为例,2005 年除步行外,"北京市居民在各种交通方式出行构成
中,选择包括地铁和公交车在内的公共交通的人的比例为 29.8%,而小汽
车出行比例则从 1986 年的 5% 到 2000 年的 23.2%,再到 2005 年的
29.8%,持续攀高,已从绝对弱势地位跃升为最具强势的机动化交通方式。
同时,自行车出行比例下降明显,出行比例为 30.3%,较 2000 年下降了 8.2
个百分点"①。虽然选择非机动车出行仍是北京市民的重要出行方式,但这
个比例也正随着小汽车保有量的激增而越来越小。汽车工业的快速增长可
以拉动相关产业的发展,2008 年国家促进汽车业的增长,成为中国应对国
际金融危机、拉动消费的手段。"面对'风景这边独好'的'成绩单',我们有
理由欣喜:汽车与整个国民经济的拉动关系为 1:4.5,汽车业的增长,无疑
成为中国应对国际金融危机、拉动消费的一抹亮色。这得益于半年来一系
列汽车调整振兴的'组合拳':既有以旧换新和 50 亿元'汽车下乡'计划的
直接拉动,又有对购买经济型轿车的诸多优惠……一系列'利好'措施,相当
于为汽车市场注入真金白银的'硬拉动',使汽车行业呈现一片兴旺。"②道
路运输网络的不断完善,带动了私人汽车行业的快速增长。党的十六大以
来,交通运输业全面快速发展,高速公路建设迅猛发展,农村公路建设明显
加强。2006 年末,我国高速公路里程达 4.5 万公里。由于农村公路建设的
飞速发展,2006 年末我国公路密度达到 36 公里/百平方公里,比 2002 年末
增长 95.8%,年均增长 18.3%。道路运输网络的不断完善,带动了私人汽
车行业的快速增长。"2006 年末,全国私人汽车保有量已达 2333 万辆,占
全部民用汽车保有量的 63.1%,比 2002 年末增长 140.8%,年均增长
24.6%。"③

　　2001 年中国加入世界贸易组织,中国市场不断开放,这有力地刺激了汽

---

　　① 王建新. 5 月 26 日,北京市机动车保有量突破 300 万辆。汽车数量的激增改变了市民出行
习惯,也对城市交通发展带来新的挑战——"汽车时代"的幸福与烦恼[N]. 人民日报,2007 - 05 -
28.

　　② 张玉玲. "硬拉动"和"软拉动"[N]. 光明日报,2009 - 07 - 15.

　　③ 朱剑红. 交通运输业与时俱进全面发展[N]. 人民日报,2007 - 10 - 06.

车消费市场的高速增长。"以汽车业为例,入世后,进口汽车逐年增加,但并未造成冲击。国产轿车 2001 年产销量仅 70 万辆,2010 年国内基本型乘用车销售达 949 万辆,其中自主品牌轿车占轿车市场的 30.9%;轿车出口 18 万辆,同比增长 76%。国内汽车业重组浪潮迭起,2010 年上汽集团等 4 家年产销规模逾 200 万辆的企业占据汽车总销量的 62.1%。所有的跨国汽车巨头都向国内企业伸出橄榄枝,中国汽车市场得到全面培育。吉利、奇瑞、比亚迪等一批自主品牌企业异军突起,吉利收购沃尔沃公司,成为国内汽车业迈出国门的重要标志。目前中国已是全球最大的汽车产销国。"①在这样的大背景下,我国的轿车产品在较短时间内实现性能、质量等方面的迅速提升,价格与国际市场的差距逐步缩小,为轿车进入家庭打下了基础。

国民经济的快速发展使家庭购车成为一种潮流。从世界各国的发展规律来看,人均 GDP 达到 1000 美元时,是轿车进入家庭的起跑线,达到 3000 美元时,轿车将大规模进入家庭。21 世纪以来,随着改革开放的深入,国民经济快速发展,我国人均 GDP 呈现快速增长态势,2003 年一举突破 1000 美元大关,2006 年越过 2000 美元关口,2008 年则超过了 3000 美元。人均 GDP 从 1000 美元升至 3000 美元,我国只用了 5 年时间。经济快速发展使轿车大规模进入家庭,私人汽车发展迅速。"从 2000 年开始,中国汽车市场进入到黄金 10 年。汽车保有量从 1600 万辆攀升到 1 亿多辆。汽车市场由小变大,2010 年成为全球第一大汽车市场,比原先普遍预测的 2015 年提早了 5 年。"②在许多大中城市,家庭购车已成为一种潮流。汽车正在改变人们的生活。有车族感到出行便捷、活动范围增大,在交通方面节省了时间,工作效率得到了较大的提高。截至 2019 年底,小型载客汽车保有量达 2.2 亿辆,与 2018 年底相比,增加 1926 万辆,增长 9.37%。其中,私家车(私人小微型载客汽车)保有量达 2.07 亿辆,首次突破 2 亿辆,近五年年均增长

① 龚雯,崔鹏. 改革开放的新航程——我国加入世界贸易组织十周年述评[N]. 人民日报,2011-12-09.

② 张翼,陈恒. 私车过亿,多少喜多少忧?[N]. 光明日报,2013-02-20.

1966 万辆。全国新能源汽车保有量达 381 万辆,占汽车总量的 1.46% ,与 2018 年底相比,增加 120 万辆,增长46.05% 。其中,纯电动汽车保有量 310 万辆,占新能源汽车总量的81.19% 。新能源汽车增量连续两年超过 100 万辆,呈快速增长趋势。

第六节 出租汽车行业的兴起和发展

出租汽车是城市综合交通运输体系的组成部分,既是城市公共交通的补充,又是满足城乡居民出行个性化、人性化、多层次需求的客运方式。出租汽车服务主要包括巡游、网络预约等方式。它的营运特点是租乘手续简便,可以在路上招呼上车,或在营业点乘车,也可以电话约车或预约订车;在道路条件和交通法规允许的情况下,可为乘客提供"门到门"的全程服务,乘客可任意选择行车路线,也可以要求中途停车。出租汽车提供个性化的出行服务,针对一般人群的特殊出行(如生病、事务时间紧急的出行,不熟悉地点的出行,深夜出行等)和特殊人群的一般出行(如残障人士、孕妇、老人和公交覆盖不足的偏远地区等),是城市居民个性化出行方式。新中国成立后随着城市化的发展,出租汽车行业逐渐发展壮大。出租汽车行业的变迁,不仅是车企发展的缩影,也是中国城市化和国家发展的缩影。

1903 年,不足 10 部的"营业小汽车"出现在哈尔滨的大街小巷,这开启了中国出租汽车的历史。1908 年 9 月 18 日,中国的重要通商口岸上海,美商环球供应公司百货商场购置了五辆卡迪拉克汽车并在上海开设出租部,可用电话约车和订车,为顾客提供汽车出租业务。这是上海有出租汽车之始。1911 年 8 月 7 日,美国汽车公司在上海开办了第一家出租汽车公司。1913 年,法国人率先在北京最繁华的地段——东单开设了兼营马车汽车出赁的"飞燕汽马车行",出赁汽车分为用电和用煤油两种类型,这是中国最早的汽车出赁行,使用的出租汽车车型是美国产的"福特"T 型车,模样很像敞篷马车的车厢,喇叭是人力的,刹车装置使用的是"摇轮闸"。1915 年马来西亚华侨在广州创办了第一家出租汽车公司。同时,南京、武汉等城市也相继出现了类似的出租汽车行,但数量很少,而且每个车行的车数一般有一辆或几辆。

这一时期,由于车辆少、车费贵,平常百姓对出租汽车是不敢问津的,只有外国人、军阀官僚、富户商贾、社会名流等上层人物和特权阶层才能享受出租汽车服务。行业主体以私营为主,由交通部门、警察部门或工业部门管理（不同地区有差异）,其经营方式大多以电话租车和预约订车为主,价格有的以租用车辆的时间长短计算,有的按照车辆的座位多少计算,按行驶里程计算的还不多。其运营范围只局限于车站、酒楼、戏院、赌场、妓院等娱乐社交场所。20 世纪 20 至 30 年代,中国城市出租汽车行业有了较大的发展。一些外商、华侨也来中国开办出租汽车行,随着工商业的发展,社会对出租汽车的需求逐步增加,出租汽车市场逐步发展起来,开始成为社会中上层人士社会交往、迎送亲友、娱乐活动和往来于车站码头的主要交通工具。各大出租车行之间的竞争也日趋激烈,不断翻新服务花样和提高服务质量。抗日战争时期,由于战争的影响,出租汽车发展受到巨大冲击,数量急剧减少。大批出租汽车被征为军用,出租汽车行业经营惨淡,许多车行入不敷出,陷入无法维持的境地。新中国成立前夕,全国只有十几个大城市有少量的出租汽车。上海仅有出租汽车 370 辆,广州仅剩余 40 辆,而北京的出租汽车已经基本停业。新中国成立以后,伴随着新中国 70 年来经济社会的变迁,中国出租车行业经历了漫长的行业培育期,逐步由服务特定人群的"奢侈消费"转变为服务大众的群众消费,规模越来越大,行业管理越来越趋向规范化。

一、20 世纪 90 年代前出租汽车行业的发展

中华人民共和国成立初期,出租汽车行业主要为公有制事业单位,是为了满足接待外宾来访和重要会议需要,由各省市人民政府组建成的汽车公

司和汽车队。20 世纪 50 年代,由于车况差、乘客少,出租汽车行业的业务很少。20 世纪 70 年代初,北京和上海、广州等大城市各类外事活动增多,出租汽车又在大街上出现。当时,出租汽车行业的经营方式发展为定点候客,乘客到站找车,司机接单载客。而司机完成一趟接待任务后,必须空车赶回服务点等候下一次的出车指示,不得中途载客。这一时期,出租汽车行业的主力车型是福特和华沙。1978 年 12 月,党的十一届三中全会后,国家实行了改革开放政策,城市经济日益繁荣,对外经济文化交流日益频繁,人民生活有了很大的改善和提高,对出租车的需求量增加。1979 年,广州出租汽车行业如雨后春笋般发展,车量增加了近 10 倍。但是,出租汽车行业迅猛发展也产生了很多问题,经营管理落后,司机服务不规范,向乘客漫天要价的现象屡禁不止。为了净化行业之风,诚信服务市民,1979 年广州出租汽车行业率先在全国引进了出租汽车计价器,规定司机必须按表收费,从而维护了消费者的利益,为出租汽车规范服务和提高服务质量起到了表率作用。

20 世纪 80 年代后,随着对外开放、对内搞活政策的执行,出租汽车行业出现了国营、集体、个体一起上的局面。但全国出租汽车数量并没有显著增加,一方面是因为当时汽车价格昂贵,运价偏高,出租汽车需求较小,城市居民出行还是以自行车和公交车为主;另一方面出租汽车公司多为国营、集体企业,对市场的需求变化没能及时做出反应。① 此一时期,乘坐出租汽车的人大部分是生意人或单位可以报销费用的出差人员。由于当时出租汽车行业技术含量低、投资小、见效快等特点,有部分人打破了观念上的束缚,筹集资金开上了出租汽车,其收入远远超出了城市居民平均生活水平,成了先富起来的那部分人。20 世纪 80 年代,出租汽车运营模式以国营和个体为主,整个行业缺乏监管,运营行为靠公司及驾驶员自律;车辆运营无计价收

---

① 陈文强,顾玉磊,吴群琪,孙启鹏. 出租汽车行业管理制度变迁、政策演变与效应评析[J].
公路交通科技. 2020(04):148~158.

费标准与设施,营运收费以议价为主,整个客运出租市场基本处于无序状态。在此期间,全国出租汽车行业发展没有统一的指导意见,各地出租汽车行业发展处于自由探索期,出租汽车行业发展缓慢,供需相对均衡。

二、20 世纪 90 年代出租汽车行业的发展

为解决群众"乘车难"问题,满足不同层次乘客出行的需要,1992 年国家有关部委相继颁布了出租汽车行业的管理规定,对出租汽车行实行国营、集体、个人一起上,各行各业均可参与经营出租汽车的政策,这为出租汽车行业的发展带来了契机。为使出租汽车客运服务工作逐步向标准化、规范化发展,交通部于 1993 年 6 月 21 日颁发施行《出租汽车客运服务规范(试行)》,首次规范出租汽车服务标准。当时,一些城市为了应对出行需求的快速增长,允许社会资本进入出租汽车市场,单位和个人只要在交通主管部门提交行业准入申请,经审批无偿获得特许经营权证后,即可从事出租汽车业务,出租汽车市场处于自由发展阶段。

20 世纪 90 年代初期,北京的汽车工业难以提供一款令出租车业满意的车型。面对迅猛发展的客户需求与短缺的出租车市场矛盾,当时的北京市政府提出了"一人招手,几辆车等候"的北京市出租汽车行业发展方针。北京市友谊出租汽车有限公司率先引进了天津产的日本大发厢式货车来当作出租车使用。由于其价位低,10 块钱 10 公里,每运营一公里收费 1 元,且客货两宜,方便百姓运送如彩电等一些较大的物品,其多功能实在让人叹为观止。因此,它的出现很快就受到了京城百姓的偏爱,得到了迅速的发展。1993 年,北京"面的"达到 3.5 万多辆,占北京出租车总量的 51%。当时,在北京的大街小巷,只要有汽车的地方,都有"面的"在行驶,"面的"成为京城百姓出行的交通工具之一。北京街头,满眼望去,几万辆"黄虫"穿梭往来,也算是北京一道"靓丽"风景。北京市"面的"传遍全国,大中小城市都纷纷购买,到 1994 年"面的"的增长达到高潮,各大微型面包车厂家门庭若

市,车辆供不应求。20 世纪 90 年代初,在普通老百姓眼中,出门打车是一种奢侈的享受,只有遇到去医院或办急事等特殊情况,才打车。那时,黄"面的"都在宾馆、医院门口爬活儿。虽然打车的人少,但起步价高,因此出租车司机收入不错。

出租汽车行业的兴旺,刺激了更多的人加入这个行业。短短一两年的时间,出租汽车数量和种类迅速增加,全国各城市的出租汽车陆续达到饱和。各地政府根据本地的实际情况,采取各种措施暂停了出租汽车行业的发展,遏制运力盲目增长,开始将出租汽车作为"城市公共资源",通过地方立法使出租汽车经营权有偿、有限使用。政府以出租汽车经营权所有权人身份,将出租汽车经营权有偿转让给经营者,并设定了一定的使用年限,超过了规定的使用年限,如经营者继续经营还须再次购买出租汽车经营权。经营权有偿有限使用很快就在全国大中城市推开,有近 520 个城市先后实施,占全国大中城市总数的 80%。

虽然"面的"的方便实惠赢得了市民的青睐,但是它只是出租汽车行业发展的过渡阶段,随着人们生活水平的提高,人们对出行舒适度的要求也逐步提高。由于没有空调,一到夏天,车内酷热难挡,而且座椅不够舒适,音响效果极差,"面的"在性能上已经满足不了市民出行的基本要求。更重要的是,"面的"在安全性上存在着很大的隐患:车身较高、稳定性差、正面碰撞时对乘客的伤害很大等问题逐渐凸显出来。同时,它们也给城市造成了严重的尾气污染。1994 年北京市开始逐步淘汰"面的"。随后,全国大多城市也都相继出台相关政策,提高出租汽车车辆档次。"面的"开始逐渐退出出租汽车行业的历史舞台。

进入 20 世纪 90 年代后期,随着中国经济社会发展,市民生活水平不断提高,城市建设步伐加快,出租汽车也在升级换代,富康和捷达加入了出租汽车市场。在这段相当长的时间里,全国的出租车在车型上并没有体现出巨大的差异性,出租车市场几乎完全被夏利、富康、桑塔纳、捷达这四种车型占据。这一时期,根据市场发展的需要,国家有关部委相继颁布了出租汽车行业的管理规定,各地政府也根据本地实际制定了不少出租汽车管理办法,出租汽车行业逐步走上了规范化、正规化的法制管理轨道。

三、21 世纪以来出租汽车行业的发展

进入 21 世纪后,随着经济快速发展,人民物质生活水平不断提高,人们选择乘坐出租汽车出行已经十分普遍。特别是对于老、弱、病、残、孕这些群体来说,乘坐出租汽车已经成为他们出行的首选。但也恰恰是这部分人,他们在乘坐出租汽车时经常遭遇拒载的尴尬。为了解决这些特殊群体的出门难、打的难的问题,北京、上海、广州、杭州相继推出了无障碍出租汽车充实出租车市场,为出行不便的群体提供专业化服务,确保他们的出行权利。2010 年 1 月 12 日,重庆市首批 20 辆气电混合动力出租汽车正式投入运行,这标志着新能源汽车正式进入出租汽车领域。截至 2014 年底,"全国共有出租汽车 137 万辆,出租汽车经营企业 8428 户,个体经营业户 126292 户,从业人员 261.8 万人,2014 年完成客运量 406 亿人次"①。出租汽车行业不但给国家增加了税收,出租汽车经营权也给当地政府汇集了巨大的资金,还带动汽车制造、销售、维修、配件以及餐饮、保险等行业的蓬勃发展,为大量国人提供了就业机会,给社会创造了巨大的经济效益。但近些年出租汽车行业在发展过程中暴露出一些问题,出租汽车"打车难"、服务质量差等问题在一些城市较为突出,社会公众高度关注。

2014 年前后,国内互联网企业,利用大数据技术,解决了出租汽车市场供需时空匹配难题,通过模式创新,在资本的推动下,网络预约出租汽车市场快速形成、壮大,深刻改变了人们的出行方式,也对传统巡游出租汽车市场造成严重冲击,整个行业处于剧烈变动期。随着互联网技术发展,越来越

---

① 出租车行业迎政策利好:经营权将免费 专车或减少[EB/OL].[2015 – 10 – 12]. http://auto. people. com. cn/n/2015/1012/c1005 – 27687769. html.

多的人发现,如今出租车的呼叫方式已不再是马路招手,而是网上预约。"专车""快车""顺风车"等多样化约车方式丰富了人们的出行选择。

移动互联网技术快速进入出租汽车行业,由于初期的一些不规范发展,暴露出发展定位不清晰、主体责任不明确、接入非营运车辆、乘客安全和合法权益缺乏保障与巡游出租汽车不公平竞争等问题,这导致出租汽车行业新旧矛盾交织,利益关系碰撞,引发一系列行业和社会问题。主要表现在以下几个方面:一是乘客不满意,明明是"待运"的空车,乘客举手扬招,司机视而不见,叫车越来越难,服务质量下滑,坐车亦不舒适。二是出租汽车驾驶员不满意,空车兜客,里程利用率低,收入增加困难。三是出租汽车运营公司不满意,没有经营自主权,无法市场化运作,微利润,无法盈利,经营管理面临困境。四是网约车网络平台公司怕监管,也怕违法。五是管理和执法部门也难,管理跨度大,情况日趋复杂,网约车让"黑车"合法化,不断增多的"专车"让交通混乱不堪。[①] 网约车是新事物,要发展,但发展必须合法合规,相关部门必须要依法治理。出租汽车的健康发展需要突破制度壁垒,完善制度缺陷,积极利用互联网 + 交通,实现行业健康发展。

2016 年 07 月 28 日,《国务院办公厅关于深化改革推进出租汽车行业健康发展的指导意见》指出,"要统筹发展巡游出租汽车(以下简称巡游车)和网络预约出租汽车(以下简称网约车),实行错位发展和差异化经营,为社会公众提供品质化、多样化的运输服务。要根据大中小城市特点、社会公众多样化出行需求和出租汽车发展定位,综合考虑人口数量、经济发展水平、城市交通拥堵状况、出租汽车里程利用率等因素,合理把握出租汽车运力规模及在城市综合交通运输体系中的分担比例,建立动态监测和调整机制,逐步实现市场调节。新增和更新出租汽车,优先使用新能源汽车"。[②] 2018 年底交通运输部办公厅印发了《关于进一步深化改革加快推进出租汽车行业健

---

① 陆锡明. 出租汽车行业是个特殊的行业[J]. 交通与运输,2015(03):30~31.

② 国务院办公厅关于深化改革推进出租汽车行业健康发展的指导意见[EB/OL]. [2019 - 11 - 21]. http://www.gov.cn/zhengce/content/2016 - 07/28/content_5095567.htm.

康发展有关工作的通知》,指导各地在巡游车经营权管理、健全运力动态调节机制、理顺价格形成机制、推动巡游车"+互联网"等方面进一步落实好政策措施,加快推进行业健康发展。2019年10月30日,交通运输部和国家发展改革委颁布的《交通运输部 国家发展改革委关于深化道路运输价格改革的意见》提出,对于巡游出租汽车价格实行政府定价或者政府指导价管理的,各地要按照国办发〔2016〕58号文件要求,加快健全运价形成机制,建立完善运价动态调整机制,并定期评估完善。要根据本地实际情况,综合考虑出租汽车运营成本、居民和驾驶员收入水平、交通状况、服务质量等因素,按照规定程序,及时调整巡游出租汽车运价水平和结构。[①] 这有利于健全巡游出租汽车运价形成机制,推进出租汽车行业健康发展。近年来巡游出租车数量总体呈波动下降态势,2019年全国巡游出租车车辆规模139.16万辆,客运量总规模为347.89亿人次。

[①] 交通运输部 国家发展改革委关于深化道路运输价格改革的意见[EB/OL].〔2019 - 11 - 21〕. http://www.gov.cn/xinwen/2019 - 11/21/content_5454186.htm.

第五章

新中国民众出行方式变迁的启示

交通是经济发展的基础,也是社会发展的先行官。新中国成立70年以来,一座座世界级桥梁穿山越海,一条条高速公路四通八达,一座座现代化港口向海而立,曾经的雄关漫道,如今已是天堑变通途。借助于现代交通,新中国民众的出行方式经历了从缓慢拥挤的蒸汽火车到舒适快捷的"动车组",从人力车、马车,到公交巴士、出租车、轻轨,从"自行车王国"到私家车遍地跑,从用脚步探索世界到"打飞的"翱翔蓝天。新中国70年民众出行方式从走得了到走得好的嬗变,使百姓拥有满满的幸福感,折射出中华人民共和国70年来经济的发展、社会的进步。

第一节　当代中国交通发展与社会变迁

"千古百业兴,先行在交通。"交通自古以来就是民生要义、经济命脉、社会基石,维系着人们的生产生活,承载着社会的发展重托。新中国成立七十多年来,为了实现中华民族伟大复兴的梦想,中国共产党秉持以民为本的宗旨,领导人民开展了气壮山河的交通建设事业,取得了辉煌成就。实现了从"无路"到"有路",再到行路便捷的跨越式发展。当代交通的跨越式发展,织就了由铁路、公路和航空构成的立体交通网,不仅支撑了经济的快速发展,而且使日行千万里的梦想变为了现实,人们的出行方式和理念发生了翻天覆地的变化,社会发展万象更新、蒸蒸日上。

一、改革开放前交通发展与社会变迁

新中国成立之初交通状况很落后,只有1万多公里的铁路能够通车,全国公路仅有3万公里。这样,新中国成立之初,中国经济上最大的困难是运输问题。从1950年起,国家加强以铁路和公路为中心的交通运输建设,建设者怀着"让高山低头,叫河水让路"的顽强奋斗精神,使铁路、公路跨过了大河大江,让铁路、公路爬过了草地、沙漠和高原。经过十年的交通建设,成绩斐然。"1950—1959 年交通运输建设共完成投资额 190.2 亿元,占同期总投资额的 15.7%。1950—1959 年新建和修建铁路干、支线共 14660 公里,专用线 6496 公里。到 1959 年底,全国铁路通车里程达到 32750 公里,比 1949 年增长了 48.7%。……公路建设的规模也是空前的。到 1959 年底,全国公路通车里程达到 48 万公里,比 1949 年增长了 4.9 倍。10 年来,在广大农村和中小城市间修建了大量的简易公路。1959 年底全国所有县城都能够通行汽车。"①后来,交通建设事业在曲折中前进。到 1978 年,"中国铁路营业里程达到 4.86 万公里,比解放初期增长了两倍多;公路通车里程达到 89 万公里,搭起了铁路、公路、水运、民航行业的骨架,实现了从'无路'到'有路'的跨越"②。

随着交通事业的发展,经济社会呈现出一派新气象。首先,交通事业的发展加强了全国各地的联系和经济交流。改革开放前铁路建设改变了中国西南、西北地区闭塞、落后的旧面貌,促进了当地经济社会的发展。在西南的云贵川三省,陆续兴建了成渝、宝成、川黔、贵昆、湘黔、成昆、襄渝铁路,并改建了湘桂、黔桂等铁路,初步形成了西南地区的铁路网骨架,大大改变了西南地区交通困难的局面。在西北地区,相继建成了兰青、兰新和包兰等铁路干线,从此结束了青海、新疆、宁夏没有铁路的历史。这些铁路的建成,显著改变我国铁路网的布局,有力地促进了西南、西北地区经济建设的发展,加强了沿海与内地的联系。公路建设也成效显著,以川藏青藏公路建成为例。"川藏青藏公路建成通车,对西藏实现社会制度历史变革、推动发展、维护稳定、保障民生、巩固边疆、维护祖国统一和民族团结发挥了重大作用。在'世界屋脊'开创了人类建设史上的奇迹,实现了西藏公路从无到有的历

① 国家统计局.我国国民经济问题研究资料[C]//中国社会科学院,中央档案馆.1958—1965 中华人民共和国经济档案资料选编:固定资产投资与建筑业卷.北京:中国财政经济出版社,2011:819~820.

② 林红梅,齐中熙.新中国交通 60 年:铺就大国腾飞之路[N].新华每日电讯,2009-08-17.

史转变,结束了进出藏物资人背畜驮的历史。"①

其次,交通事业的发展活跃了城乡经济、改善了人民生活。特别是铁路交通运输业的发展,对于活跃城乡经济,改善城乡人民的物质文化生活作用明显。"鹰厦铁路的通车,改变了福建山区农村的经济面貌。以前大量积压卖不出去的土产品和特产品,现在卖出去了,甚至连过去当柴烧都没有人要的竹枝竹叶,现在也成了热货。山区人民买的工业品因运价低廉,价格也降低了。中国北方因气候关系,冬天蔬菜非常缺乏。但是通过铁路的冷藏运输,北京、沈阳、哈尔滨、齐齐哈尔等城市居民在冬天也可以吃到南方运来的各种新鲜的蔬菜了。"②随着铁路网和公路网的初步形成,西北的石油、皮毛,西南的粮食、土特产和有色金属,东南和东北的木材,北方的煤等都能通过铁路和公路,源源不断地供应经济社会发展,社会发展欣欣向荣。

最后,交通事业的发展使人们的出行方式变化。新中国成立初期,"晴天一脚土,雨天一脚泥""出行基本靠走",随着交通运输业的发展,改革开放前的民众出行方式由"传统"向"现代"转变,远距离出行人们开始乘火车、汽车和轮船,近距离出行挤公交或骑自行车。

二、改革开放以来交通发展与社会变迁

改革开放之初,交通发展的滞后制约经济的发展。"要想富,先修路",改革开放以来,国家开始加大交通建设的投资力度,交通事业获得长足的发展。

特别是中国共产党十六次全国代表大会以来,中国交通开始实现从"有路可走"向"行路便捷"的再次跨越。到 2018 年底,全国公路总里程达到

---

① 弘扬"两路"精神 助力科学发展——学习习近平总书记关于川藏青藏公路建成通车 60 周年重要批示的体会[N]. 人民日报, 2014 – 10 – 16.

② 新华社. 全国铁路提前完成五年运输计划 对保证工业建设、活跃城乡经济、改善人民生活起了很大作用[N]. 人民日报, 1957 – 02 – 05.

485 万公里,是 1949 年的 60 倍,通硬化路乡镇和建制村分别达 99.6% 和 99.5%;高速公路总里程 14.3 万公里,居世界第一。全国铁路营业总里程达到 13.2 万公里,较 1949 年增长 5 倍,高铁营业里程居世界第一。大型港口建设加速推进,到 2018 年底,全国港口拥有生产用码头泊位 23919 个,是 1949 年的 148.6 倍。民航面貌焕然一新,定期航班通航机场数量由 1949 年的 36 个增至 2018 年的 233 个,航线网络和机场规模不断拓展。① 四通八达、快速流动的运输网,有力地推动着经济和社会前进的步伐。

改革开放以来交通运输业的大发展,实现了"人便于行,货畅其流"的交通发展梦想,为拉动经济、改善民生、提高人民群众生活水平做出了积极贡献,使社会发展万象更新。首先,交通发展为经济社会发展提供了有力支撑。改革开放 40 多年来,中国高速公路从无到有,再到 2018 年 12 月 28 日,中国高速公路总里程达 14 万公里,实现通车里程居世界第一位的历史性突破,有力支撑了经济社会的持续快速发展。高速公路的发展,引发了经济社会多方面变化。它缩短了区域之间、城际之间的时空距离,加速了经济区域间人员、商品、技术、信息的交流,降低了生产运输成本,有利于提高企业竞争力、促进国民经济发展和社会进步。其中,京沪高速公路的建成,"将北京与上海更紧密地连接起来,在华北与华东之间形成了一条经济、舒适、快速的公路运输大通道,将缓解京沪两个特大城市之间交通运输的紧张状况,进一步沟通沿线地区与大城市、工业中心、交通枢纽、沿海港口的联系,改善投资环境,促进沿线经济开发区的崛起,加速城镇化进程,适应现代物流发展的需要"②。同时,高速公路的速度和便利也正在改变着人们的时空观念和生活方式。

铁路是人流、物流、信息流的大通道,是国民经济的大动脉。铁路交通

---

① 《广东交通》编辑部. 新中国成立 70 年交通大国迈向交通强国[J]. 广东交通,2019（10）:1.

② 黄镇东. 我国公路现代化建设的里程碑——写在京沪高速公路全线贯通之际[N]. 人民日报,2000－12－25.

的建设推动了沿线经济的发展。其中京九铁路成为区域发展的引擎,统计显示,"京九铁路每产生 1 元直接增加值,就会拉动沿线地区相关产业产生 5.7 元的增加值,一条以京津冀、粤东南经济聚集区为双龙头,以江西昌九工业走廊为腹地的'大京九'经济增长带正在崛起"①。交通发展成为推动重点地区加快发展,拓展经济发展空间的依托。《国务院关于大力实施促进中部地区崛起战略的若干意见》提出,"按照全国主体功能区规划要求,依托长江黄金水道和重大交通干线,加快构建沿陇海、沿京广、沿京九和沿长江经济带,引导人口和产业集聚发展,促进经济合理布局"②。同时,轨道交通的发展也有力地促进了城市的发展。以长三角地区例,轨道交通已成为长三角市民出行的主要方式之一。如今,长三角轨道交通网已覆盖 9 个城市,上海乘客前往南京、杭州、合肥、宁波、温州、苏州、无锡、徐州,只需打开上海地铁"Metro 大都会"App,就能够像在上海一样,直接扫码通过闸机。其他长三角城市的居民到上海,也可使用所在城市的地铁 App 乘坐上海地铁,长三角城市间的同城化效应愈加明显。③

高铁时代的到来,更使社会充满活力。2008 年国内首条设计时速 350 公里的京津城际铁路开通,自此中国正式迈入了高铁时代。至 2018 年底,中国铁路营业里程超过 13 万公里,其中高铁里程达到 3 万公里,超过世界高铁总里程的三分之二,成为世界上唯一高铁成网运行的国家。④ 今天,从平原水乡到戈壁沙漠,从冰雪城市到热带雨林,一辆辆高铁动车穿梭其中,它已经成为中国的一张名片。一条条蜿蜒舒展的巨龙,不仅改变了人们的出行方式,更深刻影响着我国经济社会发展的方方面面,成为经济健康平稳发展的重要动力之一。

---

① 陆娅楠."大京九":区域发展的主引擎[N].人民日报,2008 – 11 – 12.
② 十七大以来重要文献选编:下[M].北京:中央文献出版社,2013:1090.
③ 综合交通齐发力 同城效应更明显 上海全力融入长三角更高质量交通网[EB/OL]. [2020 – 08 – 06]. http://www.mot.gov.cn/jiaotongyaowen/202008/t20200806_3447850.html.
④ 交通力量助推大国腾飞[EB/OL]. [2019 – 09 – 06]. http://www.mot.gov.cn/jiaotongyaowen/201909/t20190906_3247443.html.

其次,交通事业促进了旅游业的发展。交通基础建设是旅游业发展的基石,改革开放以来,交通发展促进了中国旅游业快速发展。高铁时代到来使旅游业更火,火车一响,黄金万两。旅游业可谓"春江水暖鸭先知"。武汉市文化和旅游局称:"合武铁路开通后,华东地区来武汉旅游的游客量增幅在67%~400%。2009年'十一'黄金周期间,有武汉旅游风向标之称的黄鹤楼,曾创下单天接待1.8万名游客的新纪录。"①为充分发挥旅游业在保增长、扩内需、调结构等方面的积极作用,《国务院关于加快发展旅游业的意见》中提出,"加强主要景区连接交通干线的旅游公路建设。规划建设水路客运码头要充分考虑旅游业发展需求。加快推进中西部支线机场建设,完善旅游航线网络"。②民用航空业的发展,促进了区域尤其是贫困地区经济社会发展,带动了当地旅游业的快速发展。"投资2.56亿元的香格里拉机场1999年建成通航后,举世闻名的'香格里拉'旅游胜地吸引了世界各地的游客。旅游业的迅猛发展极大地带动了地区经济发展,该州地区生产总值'十五'期间(2001—2005)年均增长21.5%,其中民航业的发展功不可没。"③民用航空业的发展也使出境旅游快速增长,"2014年,中国出境旅游将继续保持高速增长态势,出境旅游规模1.14亿人次,同比增长16%;出境旅游花费1400亿美元,同比增长18%,中国作为世界第一大出境旅游客源市场与第一大出境旅游消费国的地位进一步巩固。"④2019年度全国具有出境旅游业务资质的旅行社旅游业务营业收入3960.01亿元,占全国旅行社总量的76.66%;旅游业务利润172.82亿元,占总量的74.08%;实缴税金34.89亿元,占总量的70.39%。⑤

---

① 顾兆农,陆娅楠,田豆豆. 目前,我国已有京津、石太、合武、甬台温、武广等8条铁路客运专线顺利运营 高铁勾勒中国经济新版图[N]. 人民日报,2009-12-28.
② 十七大以来重要文献选编:中[M]. 北京:中央文献出版社,2011:272~273.
③ 李家祥. 民航在转变经济发展方式中的战略作用[N]. 人民日报,2010-03-09.
④ 齐征. 中国旅游发展呈现八个新常态[N]. 中国青年报,2015-02-26.
⑤ 2019年全国旅行社逾3.8万家 营业收入超7000亿元[EB/OL]. [2020-08-26]. http://www.mot.gov.cn/guowuyuanxinxi/202008/T20200826_3456414.html.

再次,交通事业推动了物流业的发展。随着高速公路网、民航事业和高速铁路网的快速发展,快运物流业发展迅猛。"自 1990 年以来,快运物流市场年均增长率逾 30%,是我国同期 GDP 平均增长率的 3 倍,预计到 2010年,市场总规模将达到 1090 亿元。"①特别是高铁降低了全社会的物流成本。"东西贯通、南北相连的'血流大动脉'畅通快捷,全面激发了资源要素流通的活力。西部资源向东部输送,东部产业向西部转移,南北要素加速流通……越来越多的沿海企业将业务迁至内陆,更多投资者的眼光向内陆延伸,经济社会发展的空间更广、纵深更大。"②近年来,交通运输部认真贯彻落实党中央、国务院有关决策部署,加强部门联动,深化交通运输供给侧结构性改革,通过降低涉企收费、发展多式联运、完善交通物流基础设施网络、提高运输组织效率等工作,全力推动降低物流成本,取得了积极成效。2016年、2017年、2018年、2019年可量化措施分别降低物流成本 558 亿元、882亿元、981 亿元和 805 亿元。③

最后,交通发展改变人们的社会生活。改革开放以来,中国"五纵五横"综合运输大通道基本贯通,快速铁路网、高速公路网基本建成,民航事业的快速发展以及村村通公路的建设,深刻地改变着每个中国人的生活。"路修通,人们的生活空间无形中扩大,越来越多的人走出家门,走向广阔精彩的世界。车提速,'长三角 3 小时生活圈''京津半小时',不知不觉间人们的工作以及休闲方式发生变化。机场修通,3 公里的跑道拉近和外界的距离,世界变成了真正意义上的'地球村'。交通的突飞猛进,改变了传统的经济地理概念,使得人们的视野拓宽了,工作机会增加了,消费范围扩大了,更使得原本相距遥远的人群能够更便捷地交流,加深了彼此的了解与沟通。"④

---

① 陆娅楠. 快运物流业发展迅猛[N]. 人民日报,2009 – 08 – 17.

② 经济日报评论员. 中国正在进入高铁时代[N]. 经济日报,2015 – 02 – 11.

③ 发挥交通运输在物流业发展中的主力军作用——交通运输部有关负责同志解读《关于进一步降低物流成本的实施意见》[EB/OL]. [2020 – 06 – 08]. http://www. mot. gov. cn/jiaotongyao-wen/202006/t20200608_3323132. html.

④ 白天亮. 交通先行 给力发展(思考·十年)[N]. 人民日报,2012 – 09 – 28.

第二节 "春运":中国式出行透视

春运,一个饱含中国人丰富情感的名词,是我国经济社会生活中的独特现象。改革开放以来,中国政府鼓励自主就业,对人员的流动限制开始放宽。这样,很多人从经济欠发达地区到经济较发达地区就业,形成了大量流动人口。生活空间的扩大、生活节奏的加快,并未冲淡那些朴素而美好的情怀,人们对故乡、亲情的牵念反而愈加浓郁。春节对中国人来说,最基本、最核心的意思是阖家团聚。无论家是远是近,是贫是富,回家给父母亲人拜个年,一起吃顿年夜饭,是那么令人牵肠挂肚,是那么不可抗拒。所以,不管有钱没钱,都要回家过年!于是,在异乡工作的流动人员,在春节前后集中返乡过年,成为春运的主要人群。回家,回家……东西南北中,铁路、公路、航空,满载积攒了整整一年的渴盼,奔向共同的情感目的地。

一、春运的概念及成因

春运,即春节运输,是中国在农历春节前后发生的一种大规模的高交通运输压力的现象。以春节为中心,共40天左右,由国家发展和改革委员会统一发布,国家铁路局、交通运输部、中国民用航空局按此进行专门运输安排的全国性交通运输高峰叫作春运。"春运"现象是我国经济社会发展孕育的独特现象。"春运"诞生于计划经济时代,但当时由于出行人数有限,春运还不算太紧张,春运现象还没有媒体关注。改革开放以来,工业化、城市化的发展使大量农民离开故土到城市谋生,农民工整年在城市工作而他们的家人大都在家乡,对家乡亲人的思念一直萦绕在其心头。"每逢佳节倍思亲",中国的农历新年是最具情感色彩的节日,其永恒的精神内核便是团圆。春节期间,数以千万计的农民工,节前千里迢迢,日夜兼程回家,节后奔向城市,成为庞大春运群体。20世纪80年代末,节后"百万农民下珠江"开始引起了媒体的关注,随后人口流动规模不断扩大。"随着中国城市化率的不断上升,近2亿农民进城,经济的飞速发展和人员的密集流动带来了运量几何倍数增长。自1989年内地数百万农民工涌入沿海城市打工,'春运'现象诞生开始,进城务工者从当时的百万增长到目前的2亿多人,春运客流人次已从当年的8亿增长到今天的30多亿。"①世界上可能没有哪个国家会出现中国春运这幅壮景,几十亿人次在短时间内的涌动对流,几乎可以说是战争动员的规模。

近年来,春运给人的感觉是人多拥挤、交通紧张,这种现象产生的原因不仅仅是民工流造成的,而是多种春运客流交织的结果。"近些年的国民经济持续增长,以及国家鼓励居民节日消费的政策催生了新的消费热点,客观上促成了客流的季节性波动;中华民族千百年来流传下来的'除夕夜全家团聚''共同守岁'等传统习俗,促进了一股庞大'探亲流'的形成;近年来越来越多的农村剩余劳动力大量涌入城市,构成了春节期间客流的主力。"②近年来,春节期间,旅游流、探亲流和打工流,再加上高校不断扩招形成的学生流,四流交织使春运像滚雪球一样,一年比一年规模大。

二、春运的变迁

"春运"诞生于计划经济时代,随着经济社会的发展,受经济发展水平、交通运输发展状况和流动人口的变化等因素影响,"春运"不断发展,呈现出不同的时代特色。"春运"变迁体现了新中国成立以来人们出行方式的发展,透视了中国式出行的特点。

(一)计划经济时代的春运

春运现象早在新中国成立初期就开始出现。国民经济恢复时期,基本

---

① 冯蕾.“春运难”与“结构病”[N].光明日报,2012-01-14.
② 陈栋.人文春运[N].光明日报,2004-01-20.

建设开始恢复,人民生活基本稳定,人员外出和返乡活动逐渐增加,交通运输能力紧张。1951年,为保证春节期间旅客旅途安全,一些铁路局成立了"春节还乡旅客服务委员会",从此拉开了春运序幕。"一五"计划期间,工业化起步,城市、工矿区人口增加,春节旅客增加。为了解决春节期间人多车少的问题,铁道部指示各局做好春节客运服务工作。"据初步调查,今年春节旅客将比去年同期增加一百万人,为了解决春节期间人多车少的问题,铁道部指示各局一方面充分利用现有的客车,把现有备用客车全部投入春节运输,并提高车辆运转速度,保证正点运行。不足的客车用棚车代替,加开短途列车,按普通票价八折计费。"①1954年,我国首次明确春运为春节前后一个月,铁道部春节旅客输送办公室昼夜值班。

1958年5月开始,为尽快改变我国经济落后的状况,国家基本建设投资规模加大,全民大炼钢铁,大办铁路,这需要大量的工人,许多农民离开农村投身到基本建设中,导致流动人口增加,春节旅客运输压力很大。1959年1月11日,人民日报社论《对春节回家旅客的几点希望》中指出:"凡一定想回家过节的人最好早走或晚走,不要都集中在节前的那几天里。……往年春节旅客运输大都安排一个月的时间,今年根据运输紧张和旅客倍增的情况,运输部门已决定把春节旅客运输安排为一个半月,即从1月15日起至2月底止。此外,凡是路程比较短、步行一天可以到达的,最好不搭乘公共交通工具,有自行车的尽可能骑自行车,不要去搭坐火车、汽车和轮船。"②这一方面说明春运的紧张局面,另一方面说明春运工作更加细致,春运时间由一个月变为一个半月,鼓励人们将春节出行时间错开。

1966年到1976年的十年间,大量离开城市支援东北、西北、西南边疆建设的知识青年和内地、沿海地区建设的职工春节期间要和家人团聚,这使春运客流增加。铁道运输部门通过编制春运计划,增开临时客车等缓解春运

---

① 政务院财经委员会发布通知 保证春节铁路装卸工作 铁道部指示各局做好春节客运[N].人民日报,1953-02-08.

② 对春节回家旅客的几点希望[N].人民日报,1959-01-11.

压力。"早在春节运输开始前,各地铁路运输部门就派人深入工矿企业、机关、学校、部队等单位,调查春节期间旅客的流量、流向等,编制了春节期间的旅客运输计划。为了适应在东北、西北、西南支援边疆建设的知识青年和参加内地、沿海地区建设的职工的需要,铁路运输部门增开了沿海和这些地区之间的一部分直通临时客车。"①

计划经济时代,春运客流主要是支边的企业职工及知青,特点是客流相对集中,单一的"探亲流",运能有限,且春运的主要方式是铁路旅客运输。虽然当时部分线路出现运输压力,但由于出行人数有限,春运还不算太紧张,不过春节乘火车回家也是很奢侈的。据原太原铁路局第二工程处职工高玉怀说:"上世纪五六十年代,春节乘火车回家很奢侈,十几块钱的车票,很多人都买不起。当时,春节回家坐车的大部分都是铁路职工及家属,因为我们有'免票'(即铁路职工内部乘车证明)。1960 年春节回家时,就算这样,还是费了不少周折。先是在山西侯马火车站准备登车时,由于人太多,没挤上车,最后只好和几百人看着车开走。"②简而言之,改革开放前工业化起步,社会流动的大门开启,春运现象萌发。计划经济时代工业化的发展和大量离开城市支援东北、西北、西南边疆建设的知识青年春节返城等,使春运现象发展。虽然春运期间部分线路也曾出现运输压力,但由于出行人数有限,春运还不算太紧张,"春运难"的现象不明显。

(二)20 世纪 80 年代的春运

党的十一届三中全会后,我国实行改革开放政策,国家开始进入社会主义建设的新时期,经济的发展蒸蒸日上,社会生活万象更新,20 世纪 80 年代的春运被赋予了时代特色。首先,高考制度改革,学生流成为春运的主流。"在即将到来的春运工作中,西安火车站把完成大专院校学生放假往返

---

① 努力做好春节期间的运输工作 全国铁路部门职工战风雪、斗严寒,以满腔热情全心全意为人民服务[N]. 光明日报,1974 – 01 – 22.

② 肖潘潘. 春运:四代铁路人的记忆[N]. 人民日报,2007 – 02 – 16.

运输的任务放在十分重要的地位,各校所需的 8 万多张车票将于近日全部送到学生手中。"①其次,改革初期治安混乱,春运安全被提上日程。"铁道部部长丁关根今天到北京火车站了解春运工作情况,要求全路职工振兴精神,增强责任感,严格规章制度,确保春运安全,做到万无一失。"②

再次,春运方式逐渐多元化,春运时间固定化。进入 20 世纪 80 年代,春运时间固定为春节前后 40 天,春运方式由以铁路旅客运输为主转为铁路、公路、航运和民航齐参与,方式逐渐多元化。"赵维臣指出,预计今年春节期间的四十天里,铁路、公路、水运、航空的客运量总数将达到七亿人次左右,比 1984 年同期约增加六千万人次……他要求运输部门充分挖掘运输潜力。铁路部门要增开临时旅客列车,扩大旅客列车编组;公路部门要增开客运汽车班次;航运部门要增开客轮班次,组织好江河湖海各航线的客运;民航部门应在旅客较多的航线上增加航班;城建部门要做好城市旅客的集散运输。"③20 世纪 80 年代的春运,春运客流由计划经济时代单一的"探亲流",变为以探亲流和学生流为主,集中于山东、江浙等地,主要是支边官兵春节探亲和学生放假回家以及在外地经商的江浙地区中小工商业者。

(三)20 世纪 90 年代的春运

20 世纪 90 年代,随着改革开放的深入,以深圳、珠海等沿海经济特区为代表的珠江三角洲流域经济飞速发展,劳动密集型企业蓬勃兴起,大量的农村劳动力拥入东部沿海地区,形成了客流方向单一明显、集中时段爆发的"民工流"。随着高考扩招政策的实行,在外就学的学生也越来越多,随着"黄金周"的出现,人们又有了更多的闲暇和出行时间。于是,关于春运的报

---

① 刘炳琦. 西安火车站重视大学生春运工作 高校所需 8 万张车票将一一送到学生手中[N].光明日报,1989 – 01 – 15.
② 李年贵. 丁关根到北京站检查工作提出 严格规章制度 确保春运安全[N]. 光明日报.1988 – 02 – 15.
③ 张锦胜,王黎江. 赵维臣在国务院十五个部委召开的春节运输电话会议上说 要保证度假探亲者走得了走得安全走得愉快[N]. 人民日报,1985 – 01 – 22.

道,在一些媒体中出现了"三流叠加"的新词汇,那便是民工流、学生流、探亲流的汇集。

1994 年春运中华东铁路客流暴涨说明了这一点。"预计,暴涨的客流还将延续 10 天左右,节后春运期间上海铁路局管内的客流将达 2150 万人,是节前春运期的两倍。客流以南下上海、广州方向的民工流为主体,交织探亲流、学生流等。主要集中地是安徽的蚌埠、阜阳、合肥、滁县和江西的鹰潭、南昌等车站。仅 16 日凌晨 1 时,阜阳、蚌埠、合肥、滁县四个车站就积压旅客 1.37 万人,12 日至 15 日流向上海方向的客流达 8.6 万人,上海站日均客流近 15 万人。"①

面对 20 世纪 90 年代的春运客流的新变化,如何做好春运工作呢? 交通运输部门采取有力措施,保障春运工作顺利完成。首先,国家下发通知,确保春运期间民工流动有序。组织民工有序流动是关系经济社会发展和人民群众切身利益的大事,国家高度重视,多次下发通知具体指导。"春节前后,民工流动量大,时间集中。国家经贸委要求灾区尽量就地安置劳动力,防止民工盲目外流。民工输出和输入地区要从大局出发,通力合作,提前做好民工客流调查和预测,为运输部门组织安排运力和制定运输方案提供依据。各级劳动保障部门要继续实施加强管理和调控民工流量的有效措施。在民工客流集中的地区,运输部门可以组织集体售票,组织开行民工专列、专车、专船。"②

其次,交通运输部门积极采取措施,保障春运畅通。全国铁路春运期间将强化市场意识与加强站车服务相结合,在增开临客、取消棚代客、备用列车和售票方式等方面,均采取了新举措。"铁路部门在运输能力安排上,体现了'以客为主,客货兼顾'的原则,重点确保西南、华东、中原、华北等民工的输出、输入地区的通道畅通。全路增开跨局直通临快 52 对,原固定直通

---

① 鲍官勇,史美圣. 华东铁路客流暴涨[N]. 光明日报,1994 – 02 – 19.
② 韩振军. 国家经贸委发出通知要求 认真做好 1999 年春运工作[N]. 人民日报,1998 – 12 – 26.

客车有 14 对延长运行区段,开行局管内临客 66.5 对。新增开的列车均由客车担当,取消了棚代客车。为了方便旅客购票,全路近 200 个较大车站 3245 个计算机售票窗口高效运转,提高售票速度,减少旅客排队。"①同时,为了调整客流,避免某段时间和某一方向客流过于集中,达到平稳有序、均衡运输的目标,春运期间部分列车将实行浮动票价。"按照《国家计委关于 1999 年春运期间铁路客运实行浮动票价的通知》,今年春运期间,上海、柳州、南昌、成都铁路局及广州铁路(集团)公司的部分列车将实行浮动票价。"②

再次,切实做好春运交通安全工作,确保春运秩序。确保旅客运输安全,是春运工作的重中之重。为此全国春运电视电话会议要求,确保旅客运输安全。"一是加强源头管理,即对参加春运的运输工具和设备,严格按规定进行检查,不合格的不准投入营运,确保车、船、飞机处于良好的技术状态。二是严格检查,严格执法。整治道路行车秩序,把长途客车严重超载的势头压下来。三是强化安全意识。加强道口管理,提高司乘人员、广大群众以及外出民工的交通安全意识,共同配合做好安全工作。"③

(四)21 世纪以来的春运

进入 21 世纪,中国加入世界贸易组织,这促进了我国经济快速发展,进一步完善了社会主义市场经济体制,我国朝着全面建设小康社会的宏伟目标迈进。运输是国民经济的"先行官",春运的客流发展变迁是国民经济的缩影。随着东部经济的腾飞,人流、物流几乎全部拥向了珠三角、长三角及环渤海地区等沿海经济带,民工流占春运旅客六成以上。21 世纪以来,外出务工者的成分在发生变化,白领打工者人数连年上升,城市间的劳动力转

---

① 张福纯. 增开临时客车 取消棚代客车 改革售票办法 春运开始[N]. 人民日报,1998 - 01 - 08.

② 春运期间部分列车将实行浮动票价[N]. 人民日报,1999 - 01 - 30.

③ 刘国胜. 全国春运电视电话会议要求 确保旅客运输安全[N]. 人民日报,1999 - 01 - 26.

移渐成规模。2000 年,随着西部大开发战略的全面启动,我国西部地区民工人数逐渐呈上升趋势。春运中的旅游流反映了假日经济已成为我国经济生活中不可或缺的一部分。随着经济的发展和 7 天长假的实行,假日经济效益开始显现。利用春节 7 天长假外出旅游的人一年比一年多。高等院校不断扩大招生,这促进了居民教育消费增长,缓解了就业以及学生升学压力,也客观上使春运中学生流持续攀升。这样,新世纪春运中,探亲流、旅游流、学生流、民工流和商务流交织在一起,已成为常态,春运出行面临更大挑战。

面对新挑战,交通运输部门采用多种方法应对,春运出行也呈现出新气象。首先,新世纪春运成为"全国性、大交通春运",春节旅客运输工作铁路、道路、水路、航空分工协作,全社会支持。"改革开放初期全国公路、航空运输并不发达,大量旅客选择铁路出行,出现了铁路车厢大量超员的现象。而今,公路交通和民航运输的发展为人们提供了多样化的选择。据统计,2007 年春运,全国公路客运量预计将达 19.7 亿人次,全国铁路将发送旅客1.56 亿人次,民航旅客运输量将达到 1930 万人次。"①

其次,高速铁路参与春运,高铁出行成为春运的最大亮点。2007 年中国铁路高速列车 CRH——动车组首次在沪宁杭地区上线运行,开启了春运高速列车时代。"28 日上午 7 时 15 分,首趟投入运营的中国铁路高速列车CRH 从杭州站开出,驶往上海南站。自此,国产高速列车动车组加入春运,中国铁路以此为起点,将进入全新的高速列车时代。"②高速铁路速度快、运量大、发车间隔可以缩小到 3 至 5 分钟,被视为缓解运能压力的最有效途径。2010 年高速铁路首次大规模参与春运,为春运注入了强大动力,密度大、准点率高、舒适度强的高铁列车已逐步成为春节旅客出行的首选。"今年高速铁路首次大规模参与春运,日均增加运力相当于民航运力的 29%。

---

① 马田. 春运:随时代而变[N]. 光明日报,2007 - 02 - 16.
② 沈文敏. 昨天,中国铁路高速列车 CRH——动车组首次在沪宁杭地区上线运行 国产高速列车投入春运[N]. 人民日报,2007 - 01 - 29.

2010 年春运,我国共有 2824 公里高速铁路投入运营,每日新增运力 214800座席。高铁的运营,仿佛一条鲶鱼,搅活了春运的'一池春水',给传统铁路、民航、道路等运输方式带来新的挑战,给春运市场带来新的活力,也给旅客带来了新的实惠。"①纵观 30 年来的铁路发展,越来越多的"和谐号"代替了曾经的闷罐车、绿皮车,变化可谓翻天覆地。高铁为广大旅客节日期间外出旅游和探亲访友提供了便利,使春节旅客出行趋于便捷。

再次,春运期间组织民工有序流动,组织学生顺利回家。一年一度的春运来临时,为了让在外求学的莘莘学子和辛苦一年的农民工兄弟,顺利舒服地回家与家人团聚,铁路部门开行学生、民工专列。"按照铁道部要求,1 月25 日正式进入春运,但由于北京地区学生、民工客流启动早,因此,北京铁路局提前 10 天进入春运状态。学生运输方面,计划将开行学生专列 12 对25 列。在春运前如此大规模开行学生和民工专列,在北京铁路局春运史上还是首次。此外,开行的学生和民工专列在车质、票价、服务等方面也有了明显的改观。"②做好春运期间组织民工有序流动工作,关系到广大人民群众的切身利益和社会稳定的大局,历来政府都非常重视。"通知指出,做好春运期间组织民工有序流动工作,关系到广大人民群众的切身利益和社会稳定的大局,各级地方人民政府和有关部门要提高认识、加强领导、及早部署、统筹安排,制定周密的工作计划和应对突发事件的工作预案,落实工作责任制。要科学合理地安排运力,对民工流动量大的长江沿线、京九铁路沿线和西部地区,要重点加强铁路、公路、水路等综合运力安排,确保及时安全运输。"③

然后,从维护旅客利益出发,不断完善售票机制。年年春运,买火车票都是令数以亿计的旅客头疼的难题。为方便旅客买票,铁路部门在售票环

---

① 陆娅楠.今年高速铁路首次大规模参与春运,日均增加运力相当于民航运力的29%——高铁搅活春运市场[N].人民日报,2010 - 02 - 22.

② 邵文杰.学生、民工专列:铁路的人文关怀[N].光明日报,2005 - 01 - 12.

③ 白天亮.国务院办公厅发出通知 春运期间确保民工安全有序流动[N].人民日报,2000 - 01 - 14.

节上,采取了一些便民措施。"一是送票上门,广州仅民工团体票就送票上门48万张,北京仅学生票就送票上门26万张;二是增开24小时不间断售票窗口,北京售票窗口增至600个,广州达900多个;三是加大对票贩子的打击力度,截至目前已抓获票贩子1000多名,捣毁制售假票、倒票窝点28个,收缴车票价值82万。"①但是,随着国民经济的持续快速发展,随着外出务工人员的大幅增加,春运需求的持续高涨和铁路运力不足的反差正在加剧。解决春运期间买票难、乘车难的问题,还需要不断完善售票机制。为了还利于民,尤其是给农民工以实惠,2007年铁路部门首次宣布火车票价不上浮。"今年铁路春运各类旅客列车一律不再实行票价上浮,这是铁路部门继去年春运实行临客票价不上浮后,推出的又一惠民政策。铁路部门将克服困难,全力挖潜扩能、精心组织调度,尽最大能力缓和运力与需求的矛盾,努力为旅客过一个愉快祥和的春节创造较好的旅行环境。"②为了遏制"黄牛党"大量囤票,倒卖车票损害旅客利益,2010年铁路部门实行火车票实名制。"30日凌晨,在广州火车站首列'实名制'列车——L7688次临时列车。发车前,记者随机采访了几位乘客。他们普遍反映,往年活跃在他们周围的'黄牛党'现在还是有所收敛,人数少了……广铁公安方面介绍,实行火车票实名制后,'黄牛党'确有收敛,已经不可能像以往那样肆无忌惮地囤积大量车票高价炒卖了。"③

最后,随着时代发展,春运出行方式开始多样化。春运进入高峰期,拼车、包车吸引了不少归乡的旅客。"春运期间,包车返乡服务在高校和工厂集中地区较为常见,被人们戏称作'别样春运''山寨春运'。与包车相比,城市白领中间出现的'拼车回乡'热更为火爆。在各大商业网站,几乎都有'顺风拼车'的专区。更有许多从事拼车信息交流的专门网站,上面网友帖

---

① 王政. 今年春运开始以来,"买火车票难"的抱怨声更盛于往年——火车票咋这么难买?[N]. 人民日报, 2004 – 01 – 19.

② 欧阳洁. 今年铁路春运客票价格不上浮[N]. 人民日报, 2007 – 01 – 11.

③ 李刚. 1月30日,广州"实名制春运"首日直击 检票,10秒钟放行[N]. 人民日报, 2010 – 02 – 01.

文、回帖十分踊跃。"①骑摩托车回家过年也成为春运出行的一道风景线。"虽然骑摩托车回家过年很辛苦,但往返一次,两人可省下 800 多元。在广东东莞制衣厂工作的何先生,今年春节决定带着老婆骑摩托车沿 321 国道回广西平南老家。321 国道从广东出发,途经的广西、贵州和四川等省区,都是珠三角主要劳务输入地区。321 国道也是春运期间广东最繁忙的公路之一。记者从广东省公安厅交通管理局证实,每年春节前,有近 10 万名广西、贵州、四川籍的农民工选择驾乘摩托车长途跋涉返乡过年。"②春节小汽车免费上高速,使春运期间自驾出行大众化。"春节黄金周期间,全国收费公路(海南、西藏除外)累计免收七座及以下小客车通行费 39.32 亿元,其中高速公路(海南、西藏除外)免收 38.13 亿元。继去年国庆黄金周,今年春节黄金周我国第二次实施免收小型客车通行费政策。借鉴去年'十一'免费通行的经验,春节全国采取不发卡放行,提高了通行效率。"③总之,改革开放以来,随着经济发展和社会转型,人员流动加速,春运客流由改革前的探亲流,演变为探亲流、旅游流、学生流、民工流和商务流五流交织,春运现象愈演愈烈。交通运输业的发展和生活理念的变化,使春运出行方式由铁路旅客运输为主转为铁路、公路、航运和民航齐参与,逐渐多元化。

三、春运现象演变的历史动因

通过对六十多年来春运现象的历史透视,我们可以体会到春运现象是当代中国经济社会发展的聚焦反映,在当代中国经济的发展、社会结构的变迁和年文化的历史惯性等因素共同作用下,中国社会流动加速,春运现象中的出行主体和方式随之变迁。当代中国经济发展推动春运现象孕育并演

---

① 张志峰,邓圩,沈文敏. 春运进入高峰期 拼车、包车吸引了不少归乡的旅客——他们这样回家[N]. 人民日报, 2009 - 01 - 21.

② 邓圩. 广东 10 万农民工乘摩托车返乡 交警沿途设置服务站[N]. 人民日报, 2009 - 01 - 22.

③ 王小润,冯蕾. 春运的"结"与"解"[N]. 光明日报, 2013 - 03 - 12.

变。新中国成立后,工业化起步,社会流动的大门开启,春运现象萌发。改革开放以来,工业化、城市化的快速发展,中国政府在区域经济发展战略上实行不平衡发展战略,优先发展沿海地区,使得沿海地区得以迅速发展起来,拉大了沿海与内地的经济发展差距。中国经济发展不平衡,平时大量劳动力从中西部转移到东部,一过年全回去,节后又全回来,这种"单行道"效应使春运压力倍增。农民离开故土奔向城市和沿海地区,是改革大潮驱动下的理性选择,城乡、区域之间发展不平衡的格局实际上导致了社会结构空间上的流动,在很多时候不得不以地理空间上的人口流动表现出来,客观上加剧了春运现象。[①]

年文化的历史惯性使春运现象绵延不息。春节是中国一个古老的节日,在千百年的历史发展中,中华民族创造了丰富的年文化,这是中华民族最大的非物质文化遗产。它是中华民族精神、文化、道德、价值观和审美的传承载体,最鲜明地体现了中华民族独特的文化基因,是中华民族精神遗产和传统的软实力。几千年历史积淀的年文化,融入了每一个炎黄子孙的心灵深处,拥有强大的力量驱使人们春节朝圣般回归故乡。最明显的证据就是春运。每逢春节,天南地北的滚滚人流,奔向一个共同的目标——家。春节回家其实是一种心灵的召唤,是流淌在血液中自觉的选择,是中国传统年文化的影响力活生生的体现。火热的春运背后,是中国传统年文化的生动阐释。传统年文化的历史惯性,使不能在城市安家的游子,在春节前怀着强烈的思乡之情,苦战春运回家过年,以与家人团圆来体验浓浓的亲情和年味。

四、春运现象纾解的现实路径

在六十多年春运现象的变迁中,民工流对春运客流的流量、流向起主导

---

① 董才生,陈氚. 春运问题的人口社会学分析[J]. 人口学刊, 2008(01):31~34.

作用,也是突发性客流产生的根源。据中华人民共和国人力资源和社会保障部公布的 2018 年度人力资源和社会保障事业发展统计公报显示,2018 年全国农民工总量 28836 万人,外出农民工 17266 万人。其中,1980 年及以后出生的新生代农民工占全国农民工总量的 51.5%,比上年提高 1.0 个百分点;老一代农民工占全国农民工总量的 48.5%。在新生代农民工中,"80 后"占 50.4%;"90 后"占 43.2%;"00 后"占 6.4%。① 春运现象纾解的关键是缩小或者分化民工流。

(一)解决外出农民工在城市的住房问题,推动"反向春运"发展

近年来,一小部分外来务工人员在大城市购房,居有定所,为"逆向迁徙"奠定了基础。春节期间年轻人春节不回家,而是将老家的父母孩子接来自己工作的城市过年,"反向春运"已成为一股潮流。2018 年 2 月,某旅行网发布的《2018 年春节出游趋势报告》中显示,2018 年春节期间接父母到北京、上海、深圳、广州等城市"团聚 + 旅游"的"反向春运"已成为一股潮流。《2020 春运乘机出行预测报告》显示,春节前一周前往上海、昆明、杭州、西安、南京五地的机票预订量同比增长超 100%。"反向春运"对城市运行来说,更多外来务工人员留城过年,可以避免春节期间劳动力短缺,保障商品和服务正常供应;对交通运输来说,能有效缓解集中返乡压力;对外来务工人员来说,既躲开了春运交通出行高峰,又能让家人体会到自己所在城市的风光,延长团聚的幸福时光。

"反向春运"现象带来了多赢效应,是分化民工流的有效路径,值得肯定。但"反向春运"现象的孕育、发展是以外出农民工市民化为前置条件的,对于广大外出农民工而言,市民化进程当中最大的困扰是住房。外出农民

---

① 2018 年农民工监测调查报告［EB/OL］.［2019 - 04 - 29］. http://124.193.200.164:8088/headline/201904/t20190429_211528. html.

工是带着成为"城里人"的梦想来到城市打工的,这种梦想和国家的城市化战略是吻合的。国家统计局对外公布的《2016年农民工监测调查报告》显示,"十二五"以来,党中央、国务院高度重视农民工问题,制定出台了一系列政策措施,越来越多的农民工在城镇落户、成为"新市民"。在进城农民工中,租房居住的农民工占62.4%,比上年下降2.4个百分点。购房的农民工占17.8%,比上年提高0.5个百分点。[①] 因此,要用"反向春运"方式分化民工流来纾解春运现象,就要切实解决外出农民工在城市的住房问题。新生代农民工有强烈的融城意愿,但"住房支付能力差"是新生代农民工融入城市的现实屏障。国家应适度增加面向新生代农民工的公租房和廉租房建设,把农民工纳入公积金制度体系之中;采取适度的补偿和激励制度鼓励有购买能力的新生代农民工购买城市经济适用房。这些措施促使新生代农民工在城市实现居有所安,夯实"逆向迁徙"基础,推动"反向春运"发展。

(二)推进乡村振兴,缩小外出农民工"钟摆"式流动规模

农民工"户籍在农村,工作在城市,身份是农民,职业是工人"。农民工大多数并没有真正扎下根,离"居民身份的城市化,生活方式的市民化,从事职业的非农化"还很远。因此,只有推进乡村振兴,改变长期制约乡村发展的城乡二元结构,实现城乡共同发展,解决农民就业问题,才能缩小外出农民工"钟摆"式流动规模,进而纾解春运问题。城乡存在差别主要原因在于乡村产业单一,传统农业发展潜力有限,农民的收入增加相对困难,由此导致乡村优质人口大量流向城市。没有优质人口,乡村就无法振兴。产业因素对农村劳动力的回流也有显著影响。收入是维持家庭生活的基本手段,农业收入较高的家庭,由于远离家人、城市就业困难等,相较于农业收入低的农村劳动力更愿意选择回流。因此,要留住农村中的优质人口,就要改变

---

① 2016年农民工监测调查报告[EB/OL].[2017 - 04 - 28].http://www.gov.cn/xinwen/2017 - 04/28/content_5189509.html.

单一的农业结构,实现乡村的一二三产业融合发展。特别是通过发展旅游业、乡村民宿业、特色小镇等措施,促进乡村的二三产业发展,让农村中的优质人口在农村扎根创业,使劳动力在城乡间实现优化配置,从而扭转人口流动的方向。

(三)构建完善的交通体系和科学的假期制度

结合中国国情,构建完善的交通体系和科学的假期制度,有利于缓解"春运难"的局面。首先,铁路、道路、水路、航空四大运输方式之间应该建立一套长期的、持续性的统筹协作机制,从规划到运营都能及时沟通,立体互补,这样,包括春运在内的运输管理效率与运营效率必将提升。其次,作为传统文化传承载体的传统节日,凝聚着传统文化的精髓,是一国宝贵历史文化遗产。随着社会的发展和历史的演进,传统节日不仅要恢复,而且可以适当延长清明、中秋、端午和重阳等传统节日的放假时间,以此分散春节回家团聚的时间节点,从而缓解春运压力。

参考文献

一、文献资料

[1]毛泽东文集:第6～8卷[M].北京:人民出版社,1993.

[2]毛泽东年谱:1949—1976[M].北京:中央文献出版社,2013.

[3]建国以来毛泽东文稿:第1～13册[M].北京:中央文献出版社,1987—1998.

[4]刘少奇选集:下卷[M].北京:人民出版社,1985.

[5]周恩来选集:下卷[M].北京:人民出版社,1984.

[6]周恩来经济文选[M].北京:中央文献出版社,1993.

[7]邓小平文选[M].北京:人民出版社,1994.

[8]邓小平年谱:1904—1974 上、中、下[M].北京:中央文献出版社,2009.

[9]邓小平年谱:1975—1997 上、下[M].北京:中央文献出版社,2004.

[10]江泽民文选:第1～3卷[M].北京:人民出版社,2006.

[11]习近平总书记系列重要讲话读本[M].北京:学习出版社,人民出版社,2014.

[12]习近平谈治国理政:第一卷[M].北京:外文出版社,2014.

[13]习近平谈治国理政:第二卷[M].北京:外文出版社,2017.

[14]习近平谈治国理政:第三卷[M].北京:外文出版社,2020.

[15]习近平新时代中国特色社会主义思想基本问题[M].北京:人民出版社,中共中央党校出版社,2020.

[16]邓子恢文集[M].北京:人民出版社,1996.

[17]陈云文集[M].北京:中央文献出版社,2005.

[18]万里文选[M].北京:人民出版社,1995.

[19]中共中央文件选集:1949 年10 月—1966 年5 月[M].北京:人民出版社,2013.

[20]建国以来重要文献选编:第1～20册[M].北京:中央文献出版

社,2011.

[21]三中全会以来重要文献选编:上、下册[M].北京:中央文献出版社,1982.

[22]十二大以来重要文献选编:上、中、下册[M].北京:人民出版社,1986.

[23]十三大以来重要文献选编:上、中、下册[M].北京:人民出版社,1991.

[24]十四大以来重要文献选编:上、中、下册[M].北京:人民出版社,1996.

[25]十五大以来重要文献选编:上、中、下册[M].北京:人民出版社,2003.

[26]十六大以来重要文献选编:上、中、下册[M].北京:中央文献出版社,2006.

二、档案资料

[1]中国社会科学院,中央档案馆.1949—1952中华人民共和国经济档案资料选编:基本建设投资和建筑业卷[M].北京:中国城市经济社会出版社,1989.

[2]中国社会科学院,中央档案馆.1949—1952中华人民共和国经济档案资料选编:综合卷[M].北京:中国城市经济社会出版社,1990.

[3]中国社会科学院,中央档案馆.1949—1952中华人民共和国经济档案资料选编:交通通讯卷[M].北京:中国物资出版社,1996.

[4]中国社会科学院,中央档案馆.1953—1957中华人民共和国经济档案资料选编:固定资产投资与建筑业卷[M].北京:中国物价出版社,1998.

[5]中国社会科学院,中央档案馆.1953—1957中华人民共和国经济档案资料选编:综合卷[M].北京:中国物价出版社,2000.

[6]中国社会科学院,中央档案馆.1953—1957中华人民共和国经济档案资料选编:财政卷[M].北京:中国物价出版社,2000.

[7]中国社会科学院,中央档案馆.1953—1957中华人民共和国经济档案资料选编:交通通讯卷[M].北京:中国物价出版社,1998.

［8］中国社会科学院,中央档案馆.1958—1965 中华人民共和国经济档案资料选编:综合卷［M］.北京:中国财政经济出版社,2011.

［9］中国社会科学院,中央档案馆.1958—1965 中华人民共和国经济档案资料选编:财政卷［M］.北京:中国财政经济出版社,2011.

［10］中国社会科学院,中央档案馆.1958—1965 中华人民共和国经济档案资料选编:固定资产投资与建筑业卷［M］.北京:中国财政经济出版社,2011.

［11］中国社会科学院,中央档案馆.1958—1965 中华人民共和国经济档案资料选编:交通通讯卷［M］.北京:中国财政经济出版社,2011.

三、一般资料及相关论著

［1］紫阳县志编纂委员会.紫阳县志［M］.西安:三秦出版社,1989.

［2］甘肃省地方史志编纂委员会,甘肃省史通史志年鉴编写委员会.甘肃省志:第三十八卷 公路交通志［M］.兰州:甘肃人民出版社,1993.

［3］福建省南安县地方志编纂委员会.南安县志［M］.南昌:江西人民出版社,1993.

［4］四川省西充县志编纂委员会.西充县志［M］.重庆:重庆出版社,1993.

［5］重庆市渝中区人民政府地方志编纂委员会.重庆市市中区志［M］.重庆:重庆出版社,1997.

［6］《上海公用事业志》编纂委员会.上海公用事业志［M］.上海:上海社会科学院出版社,2000.

［7］淳化县志编纂委员会.淳化县志［M］.西安:三秦出版社,2000.

［8］陕县地方史志编纂委员会.陕县志:1986—2000［M］.郑州:中州古籍出版社,2006.

［9］建华区志编纂委员会.齐齐哈尔市建华区志:1649—1995［M］.哈尔滨:黑龙江人民出版社,2004.

［10］《张江镇志》编纂委员会.张江镇志［M］.上海:汉语大词典出版社,2006.

［11］黄陂镇人民政府,宁都县史志办.黄陂镇志［M］.香港:华夏文化艺术出版社,2006.

［12］东河区志编委会.东河区志［M］.北京:中国档案出版社,2007.

［13］昌平县志编纂委员会.昌平县志［M］.北京:北京出版社,2007.

［14］三门峡市文化志编纂委员会.三门峡市文化志［M］.郑州:中州古籍出版社,2007.

［15］武汉地方志编纂委员会.武汉市志:1980—2000 第八卷 社会人物 大事记［M］.武汉:武汉出版社,2007.

［16］无锡市交通志编纂委员会.无锡市交通志:1986—2005［M］.北京:方志出版社,2008.

［17］门头沟区档案史志局.川底下村志［M］.北京:中共党史出版社,2009.

［18］《天镇县志》编纂委员会.天镇县志:1991—2008［M］.太原:山西人民出版社,2009.

［19］环湖村志编委会.环湖村志［M］.上海:上海科学普及出版社,2009.

［20］《当代中国的城市建设》编辑委员会.当代中国的城市建设［M］.北京,香港:当代中国出版社,香港祖国出版社,2009.

［21］《当代中国的公路交通》编辑委员会.当代中国的公路交通［M］.北京,香港:当代中国出版社,香港祖国出版社,2009.

［22］《当代中国的民航事业》编辑委员会.当代中国的民航事业［M］.北京,香港:当代中国出版社,香港祖国出版社,2009.

［23］《当代中国的水运事业》编辑委员会.当代中国的水运事业［M］.北京,香港:当代中国出版社,香港祖国出版社,2009.

［24］《当代中国的铁道事业》编辑委员会.当代中国的铁道事业［M］.北京,香港:当代中国出版社,香港祖国出版社,2009.

［25］《当代中国的广东》编辑委员会.当代中国的广东［M］.北京,香港:当

代中国出版社,香港祖国出版社,2009.

[26]《当代中国的河南》编辑委员会.当代中国的河南[M].北京,香港:当代中国出版社,香港祖国出版社,2009.

[27]中华人民共和国交通运输部,《中国交通运输60年》编委会.中国交通运输60年[M].北京:人民交通出版社,2009.

[28]武力.中华人民共和国经济史:上卷[M].增订版.北京:中国时代经济出版社,2010.

[29]李华中.山西省道路运输管理志[M].北京:人民交通出版社,2010.

[30]江西省交通史志编委员会.江西省交通志:1991—2005[M].北京:人民交通出版社,2010.

[31]《南汇交通志》编纂委员会.南汇交通志[M].北京:方志出版社,2011.

[32]农七师史志编纂委员会,农七师交通志编纂领导小组.农七师交通志[M].北京:方志出版社,2012.

[33]遵义市交通运输局.遵义市交通志:1990—2007[M].北京:方志出版社,2012.

[34]襄阳市交通运输局,襄樊交通志编纂委员会.襄樊交通志:1986—2005[M].武汉:湖北人民出版社,2012.

[35]《岱山交通志》编纂委员会.岱山交通志[M].杭州:浙江人民出版社,2013.

[36]和顺县交通志编纂委员会.和顺县交通志[M].太原:三晋出版社,2013.

[37]《象山县交通志》编审委员会编纂小组.象山县交通志[M].北京:人民交通出版社股份有限公司,2014.

[38]《慈溪市交通志》编纂委员会.慈溪市交通志:1990—2010[M].杭州:浙江人民出版社,2014.

[39]重庆市交通委员会.重庆市志:交通志1986—2005[M].重庆:西南师范大学出版社,2014.

[40]方豪.中西交通史[M].上海:上海人民出版社,2015.

[41]白寿彝.中国交通史[M].北京:中国文史出版社,2015.

[42]湖南省地方志编纂委员会.湖南省志:1978—2002 交通志[M].北京:
人民交通出版社股份有限公司,2015.

[43]庆元县交通运输局.庆元县交通志:1990—2010[M].杭州:西泠印社
出版社,2015.

[44]《桐乡市交通志》编纂委员会.桐乡市交通志[M].嘉兴:吴越电子音像
出版社,2015.

[45]丽水市莲都区交通运输局.莲都区交通志:1991—2010[M].杭州:西
泠印社出版社,2016.

[46]嘉兴市交通志编纂委员会.嘉兴市交通志[M].北京:方志出版
社,2016.

[47]《宁海县交通志(1992—2010)》编纂委员会.宁海县交通志:1992—
2010[M].杭州:浙江人民出版社,2016.

[48]《浙江省交通志》编纂委员会.浙江省交通志:远古—2010 年 上、下
[M].北京:人民交通出版社股份有限公司,2016.

[49]王绵厚,朴文英.中国东北与东北亚古代交通史[M].沈阳:辽宁人民
出版社,2016.

[50]冯承钧.中国南洋交通史[M].北京:商务印书馆,2017.

[51]《宁波市镇海区交通志》编纂委员会.宁波市镇海区交通志:1986—
2010[M].北京:方志出版社,2017.

[52]《温州市交通志》编纂委员会.温州市交通志:1991—2012[M].北京:
方志出版社,2017.

[53]阚庆江.滦县交通志[M].北京:现代出版社,2017.

[54]王文飞.丹寨县交通志[M].北京:中国文史出版社,2017.

[55]卜庆华.寿光交通志[M].北京:中国文史出版社,2017.

[56]《宁波市交通志(1991—2010)》编委会.宁波市交通志:1991—2010

［M］.宁波:宁波出版社,2017.

［57］大丰交通志编纂委员会.大丰区交通志［M］.南京:江苏人民出版社,2018.

［58］杞县交通志编纂委员会.杞县交通志［M］.郑州:中州古籍出版社,2018.

［59］《朝阳交通志》编审委员会.朝阳交通志［M］.北京:人民交通出版社,2018.

［60］曾维益.平武县志之平武县交通志［M］.武汉:湖北科学技术出版社,2018.

［61］北京市地方志编纂委员会.北京志:交通志 1991—2010［M］.北京:北京出版社,2018.

［62］《仙居交通志》编纂委员会.仙居交通志［M］.杭州:浙江人民出版社,2019.

［63］《秀洲区交通志》编委会.秀洲区交通志［M］.北京:方志出版社,2019.

［64］斯钦毕力格.正蓝旗交通志［M］.赤峰:内蒙古科学技术出版社,2020.

四、期刊与学位论文

［1］项能波.百年长江客运话沧桑［J］.武汉文史资料,2007(3).

［2］刘立园.“以人为本”思想在自行车发展史中的体现［J］.科学之友(B版),2007(7).

［3］李林.六十年春运变迁路［J］.道路交通管理,2012(1).

［4］何玉宏.“高铁”:现代社会生活方式变迁的新动力［J］.理论月刊,2015(7).

［5］王子今.交通史视角的早期国家考察［J］.历史研究,2017(5).

［6］胡盼,杨晓光.基于广义出行成本的出行方案优化［J］.系统工程理论与实践,2017(4).

[7]宗芳,齐厚成,唐明,吕建宇,于萍.基于GPS数据的日出行模式-出行目的识别[J].吉林大学学报(工学版),2018(5).

[8]张潇宁.出行工具"进化史"[J].河南电力,2018(10).

[9]叶玉玲,韩明初,陈俊晶.基于出行链的城际旅客出行方式选择行为[J].同济大学学报(自然科学版),2018(9).

[10]刘建荣,郝小妮.考虑环保意识的低碳出行行为研究[J].交通运输系统工程与信息,2019(1).

[11]方晓平,周倩然.基于TPB的低碳交通出行方式研究[J].铁道科学与工程学报,2019(3).

[12]席殷飞,刘钟锴,杨佩云,郁烨,张奇,刘志远.网约车出行需求预测方法[J].上海大学学报(自然科学版),2020(3).

[13]孙超,李孟晖,韩飞.智慧公路多源数据下的交通出行演化模型[J].浙江大学学报(工学版),2020(3).

[14]骆晨,李想,钟林峰,胡姗姗.基于家庭属性差异的大学生出行方式选择行为研究[J].交通运输系统工程与信息,2020(3).

[15]钟异莹,邵毅明,陈坚.考虑出行环境的居住满意度结构方程模型[J].交通运输系统工程与信息,2020(1).

[16]曹炜威,冯项楠,李宜威,耿维,贾建民.基于客票数据的城际铁路出行方式选择行为研究[J].系统工程理论与实践,2020(4).

[17]吴向平,徐懂事,吴向阳,金剑秋.面向出租车出行规律的预测式可视分析方法[J].计算机辅助设计与图形学学报,2020(4).

[18]马新卫,季彦婕,金雪,徐洋,曹睿明.租赁自行车用户出行特征及方式的影响因素分析[J].浙江大学学报(工学版),2020(6).

[19]丁贤勇.日常生活中的江南:交通史视野下的一个解读[J].浙江社会科学,2019(1).

[20]罗玉芳,陈梦微,王殿海.出行方式链的转换成本估计[J].哈尔滨工业大学学报,2020(3).

［21］姚恩建,李翠萍,郇宁,杨扬,李斌斌.共享单车对通勤走廊出行结构的
影响［J］.华南理工大学学报(自然科学版),2020(7).

五、主要报刊资料

［1］《人民日报》(1949—2019 年)

［2］《中国交通报》(1984—2019 年)

［3］《光明日报》(1949—2019 年)